Manuela Schmidt

Standardfälle Baurecht

12. Auflage 2021

ISBN 978-3-86724-063-5

12. Auflage 2021

© 2021 niederle media

Bezug möglich direkt vom Verlag niederle media 48341 Altenberge Fax (02505) 93 98 99 E-Mail: info@niederle-media.de www.niederle-media.de

▶ Inhalt

▶ Standardfälle Baurecht

▶ Vorwort

Dieses Buch ist gedacht als Einführung in die Rechtsprobleme des öffentlichen Baurechts. Baurechtliche Klausuren sind beliebter Prüfungsgegenstand im Rahmen öffentlich-rechtlicher Klausuren, vor allem der juristischen Staatsexamina. Dies nicht zuletzt deshalb, weil sich das öffentliche Baurecht als Teil des Besonderen Verwaltungsrechts anbietet, Querverbindungen zum sonstigen Verwaltungsrecht herzustellen. Zudem ist eine prozessuale Einkleidung üblich, die zugleich das verwaltungsprozessrechtliche Wissen abfragt.

Aufgrund der Abstraktion eines Lehrbuchs fällt es den Studenten und Referendaren oft schwer, die „eingepaukten" Probleme in der Klausur dort zu verorten, wo sie wirklich hingehören. Daher verfolgt dieses Buch keine abstrakte, vom Fall losgelöste Herangehensweise, sondern stellt anhand von Fällen die typischen baurechtlichen Klausurvarianten dar. Durch diese klausurtypische Herangehensweise werden die Dinge dort problematisiert, wo sie systematisch in der Klausur behandelt werden müssen und eine möglichst prüfungsnahe Darstellung ermöglichen. Kurz gesagt: statt abstraktem Wissen soll dieses Buch direkt am Fall den Überblick, das mit Wissen untermauerte Verständnis für das System des öffentlichen Baurechts - die Grundvoraussetzung für das gute Bestehen einer Klausur - vermitteln.

Zur Struktur dieses Buches: Das öffentliche Baurecht lässt sich in die zwei großen Bereiche **Bauplanungs- und Bauordnungsrecht** einteilen. Das Bauplanungsrecht regelt das Einfügen eines baulichen Vorhabens in seine nähere Umgebung, während das Bauordnungsrecht die Anforderung in gestalterischer und baukonstruktiver Hinsicht festlegt.

An dieser Einteilung orientiert sich auch dieses Buch: Der erste Teil (**Fälle 1 bis 10**) beinhaltet typische Klausurkonstellationen aus dem **Bauplanungsrecht.** Das in den Landesbauordnungen (LBauOen) geregelte **Bauordnungsrecht** ist Gegenstand des zweiten Teils dieses Buches (**Fälle 11 bis 18**). Im Vordergrund stehen hierbei das Baugenehmigungsverfahren und die behördlichen Eingriffsbefugnisse (z. B. Stilllegungsverfügung, Beseitigungsanordnung, Nutzungsverbot) am Beispiel der LBauO NRW.

Als ergänzende Lektüre zu diesem Fallbuch wird das Niederle-Skript **Verwaltungsrecht BT 2 – Baurecht** empfohlen.

▶ Unsere 📖 Skripten 📇 Karteikarten 🎧 Hörbücher (CD & MP3)

Zivilrecht

- 📖 Standardfälle Zivilrecht für Anfänger (AT+KaufR) (7,90 €)
- 📖 🎧 Standardfälle BGB AT (7,90 €)
- 📖 🎧 Standardfälle Schuldrecht (7,90 €)
- 📖 🎧 Standardfälle Ges. Schuldverh.,§§ 677,812,823 (9,9 €)
- 📖 🎧 Standardfälle Sachenrecht (Mobil.+ Immobil.) (9,90 €)
- 📖 🎧 Standardfälle Familien- und Erbrecht (9,90 €)
- 📖 🎧 Basiswissen (Frage-Antwort) BGB AT (7 €)
- 📖 🎧 Basiswissen (Frage-Antwort) Schuldrecht AT (7 €)
- 📖 🎧 Basiswissen (Frage-Antwort) Schuldrecht BT (7 €)
- 📖 🎧 Basiswissen (Frage-Antwort) Sachenrecht (7 €)
- 🎧 Basiswissen Familienrecht und 🎧 Basiswissen Erbrecht
- 📖 Einführung in das Bürgerliche Recht (7,90 €)
- 📖 Studienbuch BGB AT (12 €)
- 📖 Studienbuch Schuldrecht AT (12 €)
- 📖 Schuldrecht BT 1 - §§ 437, 536, 634, 670 ff. (9,90 €)
- 📖 Schuldrecht BT 2 - §§ 812, 823, 765 ff. (9,90 €)
- 📖 SachenR 1 – Mobil., 📖 SachenR 2 – Immobil. (9,90 €)
- 📖 Familienrecht und 📖 Erbrecht (Einführungen) (9,90 €)
- 📖 Streitfragen Schuldrecht (7,90 €)
- 📖 🎧 Definitionen für die Zivilrechtsklausur (9,90 €)

Strafrecht

- 📖 Standardfälle Band 1: für Anfänger (9,90 €)
- 📖 Standardfälle Band 2: für Fortgeschrittene (12 €)
- 📖 🎧 Standardfälle Strafrecht AT (für Anfänger) (7,90 €)
- 📖 🎧 Basiswissen (Frage-Antwort) Strafrecht AT (7 €)
- 📖 🎧 Basiswissen Strafrecht BT 1 und 📖 🎧 BT 2 (7 €)
- 📖 Strafrecht AT (7,90 €)
- 📖 Strafrecht BT 1 – Vermögensdelikte (9,90 €)
- 📖 Strafrecht BT 2 – Nichtvermögensdelikte (9,90 €)
- 📖 🎧 Definitionen für die Strafrechtsklausur (7,90 €)

Irrtümer und Änderungen vorbehalten!

Öffentliches Recht

- 📖 Standardfälle Staatsrecht I – StaatsorgaRecht (9,90 €)
- 📖 Standardfälle Staatsrecht II – Grundrechte (9,90 €)
- 📖 🎧 Standardfälle f. Anfänger (StaatsorgaR u. GRe) (7,9 €)
- 📖 Standardfälle Verwaltungsrecht AT (9,90 €)
- 📖 Standardfälle Polizei- und Ordnungsrecht (9,90 €)
- 📖 Standardfälle Baurecht (9,90 €)
- 📖 Standardfälle Europarecht (9,90 €)
- 📖 Standardfälle Kommunalrecht (9,90 €)
- 📖 🎧 Basiswissen (Fr-Antw.) StaatsR I – StaatsorgaR (7 €)
- 📖 🎧 Basiswissen (Fr-Antw.) StaatsR II – Grundrechte (7 €)
- 📖 Basiswissen (Frage-Antwort) Verwaltungsrecht AT (7 €)
- 📖 Studienbuch Staatsorganisationsrecht (9,90 €)
- 📖 Studienbuch Grundrechte (9,90 €)
- 📖 Studienbuch Verwaltungsrecht AT (12 €)
- 📖 Studienbuch Europarecht (12,90 €) 🎧 Basiswissen EuR
- 📖 Staatshaftungsrecht (9,90 €)
- 📖 VerwaltungsR AT 1 – VwVfG u. 📖 AT 2–VwGO (7,90 €)
- 📖 VerwaltungsR BT 1 – POR (9,90 €)
- 📖 VerwaltungsR BT 2 – BauR u. 📖 BT 3 – UmweltR (9,90 €)
- 📖 🎧 Definitionen Öffentliches Recht (9,90 €)

Steuerrecht

- 📖 Abgabenordnung (AO) (9,90 €)
- 📖 Erbschaftsteuerrecht (9,90 €)
- 📖 Steuerstrafrecht/Verfahren/Steuerhaftung (7,90 €)

Sozialrecht

- 📖 Kinder- und Jugendhilferecht (7,90 €)
- 📖 Einführung in das Sozialrecht (9,90 €)

Nebengebiete

- 📖 Standardfälle ZPO (9,90 €)
- 📖 🎧 Standardfälle Handels- & GesellschaftsR (9,90 €)
- 📖 🎧 Standardfälle Arbeitsrecht (9,90 €)
- 📖 🎧 Basiswissen (Fr.-Aw.) Handelsrecht (7,90 €)
- 📖 🎧 Basiswissen (Fr.-Aw.) Gesellschaftsrecht (7,90 €)
- 📖 🎧 Basiswissen (Frage-Antwort) ZPO (7,90 €)
- 📖 🎧 Basiswissen (Frage-Antwort) StPO (7,90 €)
- 📖 Handelsrecht (9,90 €)
- 📖 Gesellschaftsrecht (9,90 €)
- 📖 Arbeitsrecht (9,90 €)
- 📖 Kollektives Arbeitsrecht (9,90 €)
- 📖 ZPO I – Erkenntnisverfahren (9,90 €)
- 📖 ZPO II – Zwangsvollstreckung (9,90 €)
- 📖 Strafprozessordnung – StPO (9,90 €)
- 📖 Einführung Internationales Privatrecht - IPR (9,90 €)
- 📖 Standardfälle IPR (9,90 €)
- 📖 Insolvenzrecht (12,90 €)
- 📖 Gewerblicher Rechtsschutz/Urheberrecht (9,90 €)
- 📖 Wettbewerbsrecht (9,90 €)
- 📖 Ratgeber 500 Spezial-Tipps für Juristen (12 €)
- 📖 Sportrecht (9,90 €)

Assessorexamen

- 📖 Der Aktenvortrag im Strafrecht (7,90 €)
- 📖 Der Aktenvortrag im Zivilrecht (7,90 €)
- 📖 Der Aktenvortrag im Öffentlichen Recht (7,90 €)
- 📖 Staatsanwaltl. Sitzungsdienst & Plädoyer (9,90 €)

Karteikarten (je 9,90 €)

- 📇 Grundlagen des Zivilrechts
- 📇 BGB Allgemeiner Teil (AT)
- 📇 Schuldrecht BT (§§ 433, 535, 631, 812, 823)
- 📇 Schemata Zivilrecht (AT, SchuldR, SachR, FamR)
- 📇 Strafrecht Allgemeiner Teil (AT)
- 📇 Strafrecht BT 1 und 📇 Strafrecht BT 2
- 📇 Streitfragen Strafrecht
- 📇 Staatsorganisationsrecht
- 📇 Grundrechte
- 📇 Verwaltungsrecht Allgemeiner Teil (AT)
- 📇 Schemata Öffentliches Recht

BWL

- 📖 Einführung i. die Betriebswirtschaftslehre (7,90 €)
- 📖 Organisationsgestaltung & -entwickl. (9,90 €)
- 📖 Fallstudien Organisationsgestaltung & -entwickl.
- 📖 Internationales Management (7 €)
- 📖 Wie gelingt meine wiss. Abschlussarbeit? (7 €)
- 📖 Medienwirtschaft für Mediengestalter (14,90 €)

Irrtümer und Änderungen vorbehalten!

Schemata

- 📖 Die wichtigsten Schemata-ZivR,StrafR,ÖR (14,90)
- 📖 Die wichtigsten Schemata–Nebengebiete (9,90 €)

🎧 bedeutet: auch als **Hörbuch** (CD oder MP3-Download) lieferbar!

Bei **niederle-media.de** bestellte Artikel treffen idR *nach 1-2 Werktagen* ein!

Fall 1: Kindermöbel am See

▸ **Standort:** Bauplanungsrecht, Normenkontrollverfahren, Überprüfung eines Bebauungsplans; materielle Schranken des Planungsermessens (§§ 1 I, IV-VII und 2 II BauGB)

Unternehmer U hat sich mit seinem Unternehmen „Kids' Wonderland" auf die Herstellung von Kinderzimmereinrichtungen und exklusivem Holzspielzeug spezialisiert. Mit seinen neuen Möbellinien „Little Princess` Wonderland" und „Sea Wonderland" hat er in kürzester Zeit den Markt erobert; als nun auch noch die Nachfrage aus dem Ausland ansteigt, überlegt U, weiter zu expandieren. Das bisherige Hauptwerk in der Stadt M soll als Zweigniederlassung bestehen bleiben, während die Hauptniederlassung künftig an einem anderen Ort mit besserer Infrastruktur errichtet werden soll. Als die Stadt S von den Plänen des U, eine Großfertigungsanlage mit 1000 Arbeitsplätzen zu errichten, erfährt, schlägt sie ihm vor, sein Vorhaben im Stadtrandgebiet von S zu realisieren. Die Stadt S verspricht sich hiervon einen enormen wirtschaftlichen Aufschwung für die von hoher Arbeitslosigkeit betroffene Region.

Es gelingt, U zur Errichtung der Hauptniederlassung zu bewegen, allerdings nur unter der Bedingung, dass ihm ein Grundstück an der Gemeindegrenze zur Stadt X – einschließlich eines der Stadt S gehörenden Grundstücks an einem See - zur Verfügung gestellt wird, da dieses ländlich, zugleich aber verkehrstechnisch äußerst günstig gelegen ist und er sich am Rande des Firmengeländes am Seeufer eine Villa mit Bootssteg errichten kann. Eine entsprechende vertragliche Vereinbarung hierüber wird getroffen.

Während die bewohnten Ortsteile von S mehrere Kilometer entfernt sind, beträgt die Entfernung der bewohnten Ortsteile der Stadt X zum Grundstück nur etwa 200 m.

Nachdem die Verhandlungen mit dem Kindermöbelkonzern abgeschlossen sind, wird der Flächennutzungsplan, der für dieses Gebiet früher eine Grünfläche vorsah, geändert. Es wird ein Bebauungsplan als Satzung erlassen, der das Gebiet als Industriegebiet ausweist. Die Stadt X ist in dem Planaufstellungsverfahren nicht gehört worden. Die übrigen Behörden und sonstigen Träger öffentlicher Belange sind hingegen ordnungsgemäß gem. § 4 BauGB an dem Verfahren beteiligt worden.

Die Stadt X ist der Ansicht, der vor gut eineinhalb Jahren erlassene Bebauungsplan sei allein schon deswegen rechtswidrig, weil überhaupt keine Bauleitplanung vorliege, wenn sich die Stadt S einseitig den Forderungen eines Konzerns unterwerfe. Für die Bewohner der dem Gelände naheliegenden Ortsteile in X komme es in Zukunft zu erheblichen Beeinträchtigungen, die nicht hinzunehmen seien. Durch den erlassenen Bebauungsplan würde ferner die geplante Ausweitung des Wohngebietes, die demnächst in einem Bebauungsplan beschlossen werden sollte, nunmehr vereitelt. Schließlich sei das Vorhaben mit der Stadt X abzustimmen gewesen. Das fragliche Gebiet mit dem See diene der Naherholung. Der Minister für Landesplanung habe kürzlich bei einem Besuch darauf hingewiesen, dass beabsichtigt sei, das Seengebiet landesplanerisch als Erholungsfläche auszuweisen. Es gebe auch schon konkrete Pläne, eine der nächsten Landesgartenschauen auf dem wunderschönen Gelände um den See auszurichten, was für X einen großen Touristenstrom und damit wirtschaftlichen Aufschwung bedeuten würde.

In S geht man demgegenüber nicht von dem Erfordernis einer Abstimmung aus. Schließlich habe die Stadt X für das Grenzgebiet zu S noch keine Bauleitpläne aufgestellt.

Die Stadt X möchte den Bebauungsplan im Klagewege angreifen. Hat eine Klage Aussicht auf Erfolg?

§ 50 Bundes-Immissionsschutzgesetz (BImSchG) lautet:

Bei raumbedeutsamen Planungen und Maßnahmen sind die für eine bestimmte Nutzung vorgesehenen Flächen einander so zuzuordnen, dass schädliche Umwelteinwirkungen [...] auf die ausschließlich oder überwiegend dem Wohnen dienenden Gebiete sowie auf sonstige schutzbedürftige Gebiete soweit wie möglich vermieden werden.

I. Zulässigkeit des Normenkontrollantrags (+)
1. Statthaftigkeit (+)
2. Antragsbefugnis (+)
II. Begründetheit des Normenkontrollantrags
1. Rechtmäßigkeit des Bebauungsplans
   a) Formelle Rechtmäßigkeit (+)
   b) Materielle Rechtmäßigkeit (-)
   aa) Verstoß gegen § 1 VI, VII BauGB (-)
   bb) Verstoß gegen § 2 II BauGB i. V. m. § 1 VI, VII BauGB (+)
   (1) Verstoß gegen §1 VI BauGB (+)
   (2) Verstoß gegen § 1 VII BauGB (+)
   (3) Rechtsfolge des Verstoßes
   Exkurs: Der Regelungsgehalt der §§ 214 – 216 BauGB
2. Ergebnis

Vorüberlegung: Auch bei der Verpflichtungs- und Anfechtungsklage kommt es, soweit vorhanden, auf die Gültigkeit eines Bebauungsplans an. Während es sich dort jedoch nur um eine Vorfrage hinsichtlich der eigentlichen Entscheidung handelt *(sog. Inzidentprüfung)*, ist im Rahmen des § 47 Verwaltungsgerichtsordnung (VwGO) die Gültigkeit der Rechtsnorm als solche Gegenstand des Verfahrens *(prinzipale Normenkontrolle)*. Im vorliegenden Fall beabsichtigt die Stadt X, den Bebauungsplan als solchen auf seine Rechtmäßigkeit hin überprüfen zu lassen. Sie könnte daher versuchen, den Bebauungsplan durch einen Normenkontrollantrag anzugreifen.

Der Antrag ist erfolgreich, wenn er *zulässig* und *begründet* ist.

I. Zulässigkeit eines Normenkontrollantrages

1. Statthaftigkeit

Der Normenkontrollantrag müsste **statthaft** sein. Dies ist der Fall bei Satzungen, die nach dem BauGB erlassen worden sind, gegen Rechtsverordnungen gemäß § 246 Abs. 2 BauGB sowie gegen andere im Rang unter dem Landesgesetz stehende Rechtsvorschriften, sofern das Landesrecht dies bestimmt.

Merksatz: Gegenstand des Normenkontrollantrages können stets *nur* **untergesetzliche Normen** sein.

Der angegriffene Bebauungsplan ist laut Sachverhalt als Satzung gemäß § 10 BauGB (lesen!) erlassen worden. Der Normenkontrollantrag ist somit gem. § 47 I Nr. 1 VwGO statthaft.

2. Antragsbefugnis

Ferner müsste die Stadt X **antragsbefugt** sein. Antragsbefugt sind nach § 47 II 1 VwGO (lesen!) juristische Personen, die geltend machen, durch den Rechtsakt in ihren Rechten verletzt zu sein.

Die Stadt X ist als Gebietskörperschaft eine juristische Person des öffentlichen Rechts.

Fraglich ist, ob die vorgetragenen Tatsachen eine **Verletzung subjektiver Rechte** der Stadt X begründen. Eine solche Rechtsverletzung könnte sich durch einen Verstoß gegen die Abwägungsgebote des § 1 BauGB und § 2 II BauGB (lesen!) ergeben.

Dann müsste es sich bei diesen Normen um subjektive Rechte handeln. Nach der *sog. Schutznormtheorie* vermittelt eine Rechtsnorm dann subjektiv-öffentliche Rechte, wenn sie wenigstens auch dazu bestimmt ist, die Interessen eines von der Allgemeinheit unterscheidbaren Personenkreises zu schützen. Die in § 1 V, VI BauGB (lesen!) genannten Abwägungsgebote dienen jedoch grundsätzlich lediglich dem Allgemeininteresse.

Eine Schutznorm könnte sich jedoch aus § 2 II BauGB (lesen!) ergeben. § 2 II BauGB normiert das Gebot der zwischengemeindlichen Abstimmung der Bauleitpläne. Durch dieses Abstimmungsgebot sollen die Rechte der Nachbargemeinden gewahrt werden. Daher vermittelt § 2 II BauGB der Stadt X ein subjektives Recht, so dass diese antragsbefugt ist *(vgl. BVerwG NVwZ 1995, 266)*.

Die Stadt X ist nach § 61 Nr. 1 VwGO beteiligungsfähig. Auch die übrigen Zulässigkeitsvoraussetzungen liegen vor. Der Antrag der Stadt X ist daher insgesamt zulässig.

II. Begründetheit des Normenkontrollantrages

Der Normenkontrollantrag der Stadt X ist begründet, wenn der Bebauungsplan rechtswidrig ist.

1. Rechtmäßigkeit des Bebauungsplans

Der Bebauungsplan müsste formell und materiell rechtmäßig sein. *könnte*

a) Formelle Rechtmäßigkeit

Die Planung könnte wegen Verstoßes gegen das in § 4 BauGB (lesen!) festgelegte **formelle Abstimmungsgebot** rechtswidrig sein. Nach § 4 I BauGB sind diejenigen Behörden und Träger öffentlicher Belange entsprechend § 3 I S. 1 Hs. 1 BauGB am Verfahren der Bauleitplanung zu beteiligen, deren Aufgabenbereich durch die Planung berührt werden kann. Bei der Behördenbeteiligung gilt der **funktionelle Behördenbegriff**, unter den auch Nachbargemeinden fallen. Die Stadt X ist auch von der Planung betroffen, so dass sie gem. § 4 I BauGB hätte beteiligt werden müssen. Das ist seitens der Stadt S nicht geschehen, so dass das formelle Abstimmungsgebot verletzt ist.

Fraglich ist, ob dieser Fehler die Rechtswidrigkeit des Bebauungsplans begründet oder indes nach den §§ 214 ff. BauGB (lesen!) unbeachtlich sein könnte.

Ein Verfahrens- bzw. Formverstoß ist im Grundsatz immer dann beachtlich, wenn er in § 214 I BauGB (lesen!) ausdrücklich benannt ist. Dabei regelt § 214 I BauGB abschließend, welche Rechtsfehler wegen eines Verstoßes gegen Verfahrens- und Formvorschriften des BauGB im Hinblick auf die Rechtswirksamkeit der Bauleitpläne beachtlich sind. Die hier verletzte Verfahrensvorschrift des § 4 I BauGB wird in § 214 I BauGB nicht genannt.

Der Mangel ist daher unbeachtlich und führt nicht zu einer rügefähigen formellen Rechtswidrigkeit des Bebauungsplans.

Da die Stadt X auch keine Gelegenheit zur Stellungnahme gem. § 4 II BauGB (lesen!) hatte, liegt auch insoweit ein Fehler im Planaufstellungsverfahren vor. Gemäß § 214 I S. 1 Nr. 2 BauGB (lesen!) handelt es sich hierbei an sich um einen beachtlichen Fehler. § 214 I S. 1 Nr. 2 Hs. 2 BauGB sieht hingegen vor, dass eine Unbeachtlichkeit des Fehlers gegeben ist, wenn – lediglich – einzelne berührte Personen, Behörden oder Träger öffentlicher Belange nicht beteiligt worden sind. Dies ist nach den Angaben im Sachverhalt der Fall, da die übrigen Behörden und sonstigen Träger öffentlicher Belange beteiligt worden sind.

Schließlich ist noch zu berücksichtigen, dass selbst für den Fall, dass es sich bei den vorstehenden Verstößen gegen § 4 BauGB um beachtliche Fehler gehandelt hätte, hier die Unbeachtlichkeitsregelung des § 215 BGB (lesen!) eingegriffen hätte. Die Stadt X hatte den Bebauungsplan vor gut eineinhalb Jahren erlassen, so dass die in § 215 BauGB vorgesehene Jahresfrist überschritten ist. Der Mangel ist daher unbeachtlich und führt nicht zu einer rügefähigen formellen Rechtswidrigkeit des Bebauungsplans.

Dem Sachverhalt sind keine Anhaltspunkte für weitere formelle Mängel des Bebauungsplans zu entnehmen, so dass dieser insgesamt formell rechtmäßig ist.

b) Materielle Rechtmäßigkeit

Es könnte jedoch ein Verstoß gegen die materiellen Vorschriften des BauGB vorliegen.

aa) Verstoß gegen § 1 VI, VII BauGB

In Betracht kommen insbesondere Fehler bei der **erforderlichen Abwägung** nach § 1 VI, VII BauGB (lesen!). Diese Vorschriften sind jedoch unmittelbar nur dann anwendbar, wenn es sich um Belange und Erfordernisse **innerhalb derselben Gemeinde** handelt. Dies ergibt sich aus § 2 II BauGB, der die Abstimmung von Bauleitplänen benachbarter Gemeinden regelt. Die Belange der Bevölkerung in S sind aber nicht verletzt, da die bewohnten Ortsteile mehrere Kilometer von dem Industriegebiet entfernt liegen. Auf die Gesundheit der Bevölkerung ist daher in ausreichendem Maße Rücksicht genommen worden.

bb) Verstoß gegen § 2 II BauGB i. V. m. § 1 VI, VII BauGB

Es könnte jedoch ein Verstoß gegen § 2 II BauGB vorliegen, wonach die Gemeinden - wie oben ausgeführt - ihre Bauleitplanung aufeinander abstimmen müssen. Der Inhalt dieser Abstimmungspflicht ergibt sich wiederum aus den Planungszielen in § 1 V, VI BauGB.

Allerdings ist zweifelhaft, ob für die Stadt S überhaupt eine Pflicht zur Abstimmung mit der Stadt X bestand, da diese keine Bauleitpläne für das benachbarte Gebiet aufgestellt hat. Früher wurde in diesem Zusammenhang verschiedentlich die Meinung vertreten, dass § 2 II BauGB voraussetzt, dass die benachbarte Gemeinde selbst Bauleitpläne besitzt oder zumindest das Planaufstellungsverfahren eingeleitet hat (vgl. z. B. VGH Mannheim, NvWZ 1987, 1088). Gegen diese Ansicht spricht, dass es sich bei der Abstimmungspflicht der Gemeinde um eine **immanente Rechtspflicht**[1] handelt. Diese ergibt sich aus dem Nachbarverhältnis der Gemeinden, unabhängig davon, ob bereits Bauleitpläne bestehen oder nicht. Solange eine Gemeinde - wie im vorliegenden Fall - noch keine Plankonzeption hat, ist auf die tatsächlichen Umstände Rücksicht zu nehmen. Daher bestand die Abstimmungspflicht für die Stadt S, obwohl die Stadt X noch keine Bauleitpläne aufgestellt hatte, so dass der Bebauungsplan schon aus diesem Grund materiell rechtswidrig ist.

Klausurhinweis: Auch wenn an dieser Stelle der Prüfung bereits feststeht, dass der Bebauungsplan rechtswidrig ist, ist die Prüfung nicht zu beenden, sondern festzustellen, ob weitere Mängel vorliegen könnten, die die materielle Rechtswidrigkeit begründen.

---

(1) Verstoß gegen § 1 VI BauGB

Ob die Stadt S für ihre Planung des Geländes am See die öffentlichen Belange hinreichend berücksichtigt hat, ist zweifelhaft im Hinblick auf § 1 VI Nr. 1 BauGB und § 50 BImSchG. § 1 VI Nr. 1 BauGB verlangt eine Berücksichtigung der allgemeinen Anforderungen an **gesunde Wohnverhältnisse**. Daneben ist hinsichtlich der Belange des

---

[1] Vertiefend dazu: Pappermann, JuS 1973, 692 (695).

Immissionsschutzes der spezielle Planungsgrundsatz des § 50 BImSchG zu beachten, der die räumliche Trennung unverträglicher Nutzungen verlangt. Der Gesichtspunkt der gesunden Wohnverhältnisse erfasst vor allem die Gestaltung einer lebenswerten Umwelt, wobei dem Schutz von Wohngebieten eine besondere Bedeutung zukommt.

Sowohl bezüglich § 1 VI Nr. 1 als auch § 50 I BImSchG ist hieraus die Forderung nach einer sinnvollen Anordnung der verschiedenen Baugebiete je nach dem Grad ihrer Immissionsbelastung abzuleiten. Es handelt sich bei diesen Vorgaben um Planungsziele, die unbedingt verwirklicht werden müssen und nicht gegenüber anderen Interessen zurückgestellt werden dürfen. Hier war damit zu rechnen, dass die Wohnbevölkerung in der Nähe der Fabrik erheblich durch Immissionen beeinträchtigt würde. Die Planungsziele der §§ 1 VI Nr. 1 BauGB und 50 BImSchG sind damit verfehlt, so dass das hier erreichte Ergebnis fehlerhaft ist.

Dem Sachverhalt sind keine Anhaltspunkte dafür zu entnehmen, dass die Stadt S weitere öffentliche Belange wie z. B. Belange der Wirtschaft und die Schaffung von Arbeitsplätzen (Nr. 8) nicht beachtet hat.

(2) Verstoß gegen § 1 VII BauGB

Möglicherweise hat die Stadt S das Abwägungsgebot des § 1 VII BauGB verletzt, indem sie den Ausgleich zwischen den von der Planung berührten öffentlichen Belangen so vorgenommen hat, dass er zur Gewichtigkeit einzelner Belange außer Verhältnis steht (sog. Abwägungsdisproportionalität). Probleme könnten sich in diesem Zusammenhang daraus ergeben, dass hier ein Industriegebiet unmittelbar an ein Wohngebiet angrenzt. Unter Berücksichtigung der immer bedeutsamer werdenden Aspekte des Umweltschutzes ist darauf zu achten, dass Wohngebiete möglichst ferngehalten werden von Anlagen, die Immissionen verursachen. Allerdings genießt der Umweltschutz nicht immer uneingeschränkten Vorrang[2]. Vor allem in dichter besiedelten Regionen müssen stärkere Lärmeinwirkungen, z. B. durch Autos, Flugzeuge sowie stärkere Geruchsbelästigungen z. B. durch Abgase hingenommen werden als in ländlichen Regionen. Ist bei der Abwägung grundsätzlich zu beachten, dass Wohngebiete möglichst nicht an Industriegebiete angrenzen, muss dies erst recht für eine ländliche Gemeinde gelten. Der Umweltschutz und die Gesundheit der Bevölkerung sind vorrangig gegenüber den Bedürfnissen der Wirtschaft und der Schaffung von Arbeitsplätzen, zumal in einer ländlichen Gemeinde genügend Ausweichfläche vorhanden ist, um ein anderes Gelände zu besiedeln. Die Stadt S hat erkennbar die Gesundheit der Bevölkerung nicht in ausreichendem Maße berücksichtigt, so dass aus diesem Grunde ein Verstoß gegen § 1 VII BauGB vorliegt.

(3) Rechtsfolge des Verstoßes

Es stellt sich die Frage, welche Rechtsfolge an einen Verstoß gegen § 2 II BauGB geknüpft ist. Verstößt eine Satzung gegen geltendes Recht, ist sie nach den allgemeinen verwaltungsrechtlichen Grundsätzen nichtig.

Das BauGB enthält jedoch in den §§ 214-216 (lesen!) Vorschriften über die **Planerhaltung**, die hier eingreifen könnten.

Exkurs: Der Regelungsgehalt der §§ 214-216 BauGB

Die §§ 214-216 BauGB sind bei der Prüfung der Rechtmäßigkeit von Bebauungsplänen unbedingt zu beachten. Aufgrund der immer komplizierter werdenden Rechtmäßigkeitsvorschriften wurden in der Praxis Bebauungspläne immer fehleranfälliger. Dieser Entwicklung trat der Gesetzgeber mit den §§ 214-216 BauGB entgegen. Er wählte also nicht den Weg, die Verfahrensvorschriften selbst oder die materiellen Anforderungen zu lockern, sondern erklärte einfach eine Reihe von Verstößen für unbeachtlich.

---

[2] Vgl. Krautzberger, in: Battis/Krautzberger/Löhr, BauGB, § 1 Rn. 103.

Der in den §§ 214-216 BauGB enthaltene Grundsatz der Planerhaltung lässt sich in ein **vierstufiges System** einteilen:

1. Nach der Unbeachtlichkeitsregelung des **§ 214 I S. 1 Nr. 1 HS 2, Nr. 2 HS 2 und Nr. 3 HS 2, 3 BauGB** werden bestimmte Fehler für letztlich irrelevant erklärt; unbeachtlich sind auch die in **§ 214 II Nr. 1 bis 4 BauGB** genannten Verletzungen im Hinblick auf das Verhältnis des Bebauungsplans zum Flächennutzungsplan sowie die in **§ 214 III S. 2 HS 2 BauGB** genannten unerheblichen Abwägungsfehler.

2. Nach **§ 215 I BauGB** tritt bei an sich beachtlichen Fehlern eine Heilung durch **Zeitablauf** ein, d. h. diese werden vom Gesetz in letzter Konsequenz als unbeachtlich gewertet; diese Fehler sind nur im Falle einer **fristgerechten Rüge** beachtlich.

3. Als dritte Stufe der Planerhaltung sind die vom Gesetz in **§ 214 I Nr. 4 BauGB** stets als beachtlich gewerteten Verstöße gegen Verfahrens- und Formvorschriften sowie die von den §§ 214, 215 BauGB nicht erfassten materiellen Rechtsverstöße zu sehen.

4. Nach **§ 214 IV BauGB** schließlich können Rechtsverletzungen, die auch im Lichte der §§ 214 I bis III; 215 BauGB beachtlich und damit nicht irrelevant sind, durch ein **ergänzendes Verfahren** behoben werden, d, h. das Gesetz sieht nicht zwingend die Nichtigkeitsfolge vor.

§ 2 II BauGB betrifft das materielle Abgestimmtsein der Bauleitpläne, d. h., es handelt sich um eine **materielle Rechtsnorm**; eine Unbeachtlichkeit des Mangels scheidet vorliegend aus.

Es stellt sich die Frage, ob der Bebauungsplan nichtig oder nur schwebend unwirksam ist. Das Gesetz sieht nach § 214 IV BauGB für Rechtsverletzungen, die auch im Lichte der §§ 214 I – III, 215 BauGB beachtlich und damit nicht irrelevant sind, nicht zwingend die Sanktion der Nichtigkeit vor, wenn die Mängel der Satzung durch ein **ergänzendes Verfahren** behoben werden können. Hierzu setzt § 214 IV BauGB (lesen!) voraus, dass der Mangel tatsächlich behebbar ist. Von einer solchen Fehlerbehebung sind nach h. M. allerdings solche Mängel ausgenommen, die so schwer wiegen, dass der Kern der Abwägungsentscheidung betroffen ist[3]. Wie oben ausgeführt, hätte ein Industriegebiet auf keinen Fall an dieser Stelle festgesetzt werden dürfen.

Die Stadt S verletzt durch die Ausweisung des Industriegebietes in der Nähe der Wohnbebauung der Stadt X elementare Planungsgrundsätze; eine Korrektur ist insoweit nicht möglich, da das angestrebte Ergebnis der Ansiedlung des Konzerns nicht erreicht werden kann. Die Grundzüge der Planung sind damit berührt, so dass eine Heilung im ergänzenden Verfahren nicht in Frage kommt.

2. Ergebnis

Der von der Stadt S erlassene Bebauungsplan ist nichtig und damit materiell rechtswidrig. Der Normenkontrollantrag der Stadt X ist begründet.

Fall 2: Der rückwirkend bekannt gemachte Bebauungsplan

▶ **Standort:** Bauplanungsrecht, Planaufstellungsverfahren: Voraussetzungen einer ordnungsgemäßen Bekanntmachung eines Bebauungsplans, Funktionslosigkeit eines Bebauungsplans

Landwirt L bewirtschaftet in der bayerischen Gemeinde G einen landwirtschaftlichen Betrieb. Da die Einnahmen in den vergangenen Jahren drastisch zurückgegangen sind, beschließt L, eines seiner in der Gemeinde G gelegenen Grundstücke mit einem zweistöckigen Haus zu bebauen. Er möchte in der landschaftlich attraktiven Region eine Ferienpension „Almhütte" errichten. Bei der Gemeinde G handelt es sich um einen Ort mit ungefähr 20.000 Einwohnern, der früher im Wesentlichen von der Landwirtschaft lebte; demographische und wirtschaftliche Veränderungen haben jedoch dazu geführt, dass sich nun neben der Land-

---

[3] Vgl. BVerwG, NVwZ 1999, 414 und 420f.; Muckel, Öffentliches Baurecht, S. 38.

wirtschaft auch Handwerk und kleinere industrielle Produktionsstätten in der Gemeinde angesiedelt haben. Das Grundstück des L befindet sich in einem Gebiet östlich vom Zentrum der Gemeinde. In dem so gut wie vollständig bebauten Gebiet liegen ausschließlich Wohnhäuser mit maximal zwei Stockwerken; größere freie Flächen existieren nicht mehr. Im Bebauungsplan ist das Gebiet östlich des Zentrums der Gemeinde als „Dorfgebiet" festgesetzt; das Grundstück des L ist als „Grünfläche" ausgewiesen. Der Bebauungsplan, der Art und Maß der baulichen Nutzung, überbaubare Grundstücksflächen und Verkehrsflächen regelt, war im Jahre 1975 von der Gemeinde beschlossen worden. Zu diesem Zeitpunkt hatte die Gemeinde noch eine Einwohnerzahl von ungefähr 1.500 Einwohnern. Damals existierten in dem fraglichen Gebiet noch größere unbebaute und landwirtschaftlich genutzte Flächen und im Übrigen waren auch die zum Gemeinderand hin angrenzenden Gebiete noch unbebaut und landwirtschaftlich genutzt.

Mittlerweile hat auch an diesem ehemaligen Ortsrand die Bebauung und Nutzung zu Wohnzwecken die landwirtschaftliche Nutzung abgelöst. Der Bebauungsplan war seinerzeit unter der Bezeichnung „Bebauungsplan Nr. 1" bekannt gemacht worden. Nachdem im Jahre 2002 die Kommunalaufsichtsbehörde Zweifel an der wirksamen Bekanntmachung des Bebauungsplans geäußert hatte, hatte die Gemeinde durch einen Beschluss des Hauptausschusses ohne ein neues Beschlussverfahren resp. ohne eine erneute Befassung des Gemeinderats mit dem Bebauungsplan den Plan rückwirkend zum Zeitpunkt der ersten Bekanntmachung im Jahre 1975 noch einmal unter Angabe der in der Gemeinde gebräuchlichen Ortsbezeichnung „Ostwiese" in Kraft gesetzt und bekannt gemacht. Als L sich bei der zuständigen Behörde zunächst mündlich erkundigt, ob gegenüber dem von ihm geplanten Vorhaben Bedenken bestünden, teilt man ihm mit, dass ein Antrag auf einen Bauvorbescheid, den L stellen möchte, unter Hinweis auf die

Unvereinbarkeit mit dem Bebauungsplan auf jeden Fall abgelehnt würde.

L ist erbost über diese Information und wendet sich an Rechtsanwalt R, der die Angelegenheit überprüfen soll. L teilt R mit, dass man sein Vorhaben nicht unter Hinweis auf einen völlig unsinnigen Bebauungsplan ablehnen könne. Der Bebauungsplan sei doch gar nicht richtig bekannt gemacht worden und durch die rückwirkende Inkraftsetzung ohne erneute Entscheidung und ohne Diskussion des Inhalts nicht wirksam geworden. Zu welchem Ergebnis wird R bei der Überprüfung der Wirksamkeit des Bebauungsplans kommen?

I. Nichtigkeit des Bebauungsplans wegen fehlender ortsüblicher Bekanntmachung (§ 10 III BauGB) (+)
II. Wirksame rückwirkende Inkraftsetzung gemäß § 214 IV BauGB (+)
III. Nichtigkeit des Bebauungsplans wegen Funktionslosigkeit (+)

Es stellt sich die Frage, ob der Bebauungsplan wirksam ist.

Zweifel könnten sich aus der ursprünglichen Bekanntmachung bzw. der rückwirkenden Inkraftsetzung sowie aber auch aus der Tatsache ergeben, dass die Festsetzungen des Bebauungsplans aufgrund der völlig anderen Entwicklung der Gemeinde nicht mehr zu verwirklichen sind.

I. Nichtigkeit des Bebauungsplans wegen fehlender ortsüblicher Bekanntmachung (§ 10 III BauGB)

Der im Jahre 1975 beschlossene Bebauungsplan könnte deswegen nichtig sein, weil er nicht ordnungsgemäß bekannt gemacht worden ist. Nach § 10 III BauGB ist der Beschluss des Bebauungsplans durch die Gemeinde ortsüblich bekannt zu machen, mit der Folge der in den nächsten Sätzen des § 10 III BauGB geregelten Einsichtsmöglichkeiten; diese Bekanntmachung tritt nach § 10 III S. 4 5 an die Stelle der sonst vorgeschriebenen Veröffentlichung. § 10 III BauGB macht nicht klar, welche Anforderungen an eine ordnungsgemäße Bekanntmachung zu stellen sind. Das Bundesverwaltungsgericht (BVerwG) vertritt hierzu in ständiger Rechtsprechung folgende Auffassung: Für eine ordnungsgemäße Bekanntmachung reicht die bloße Angabe einer Nummer ohne eine schlagwortartige Kennzeichnung des Plangebiets nicht aus, da die Nummer keinerlei Rückschlüsse über die räumliche Belegenheit des Plans zulässt und dementsprechend dem Normadressaten keinen Aufschluss darüber geben kann, in welchem Teil des Gemeindegebiets neues Baurecht gilt[4].

Überträgt man die vom BVerwG entwickelten Grundsätze auf den vorliegenden Fall, ist zu berücksichtigen, dass es sich um eine sehr kleine Gemeinde handelt und anzunehmen ist, dass es sich entweder um den einzigen Bebauungsplan der Gemeinde handelt, oder aber (wegen der Überschaubarkeit der Verhältnisse) sämtliche Bürger wissen, was mit der Bezeichnung „Bebauungsplan Nr. 1" gemeint ist. Insofern könnte man davon ausgehen, dass die Gemeinde den Plan ordnungsgemäß bekannt gemacht hat.

Das BVerwG hat dies jedoch anders gesehen: Die Möglichkeit der Identifikation des Bebauungsplans müsse sich für die Bürger aus dessen Kennzeichnung und nicht aus der privaten Kenntnis der Bürger ergeben. Auch in kleineren Orten verfügen nicht alle Bürger selbstverständlich über das erforderliche Wissen; nicht Ortsansässige könnten auf diese Weise etwa ausgeschlossen werden. Das BVerwG hat diese Ansicht sogar für den Fall vertreten, dass es sich tatsächlich um den einzigen Bebauungsplan in der Gemeinde handelt. Insgesamt erfolgte die Bekanntmachung des „Bebauungsplans Nr. 1" damit nicht in ordnungsgemäßer Art und Weise.

---

[4] Vgl. BVerwG, NVwZ 2001, 204.

Nach § 214 I Nr. 2 BauGB handelt es sich insoweit um einen absoluten Verfahrensfehler, der die Unwirksamkeit des Bebauungsplans nach sich zieht. R wird L daher mitteilen, dass seinem Vorhaben aus bauplanungsrechtlicher Sicht nicht die Festsetzungen des Bebauungsplans entgegenstehen, so dass ihm auf der Grundlage von § 30 BauGB i. V. m. dem Bebauungsplan ein Bauvorbescheid nicht verweigert werden kann.

II. Wirksame rückwirkende Inkraftsetzung gemäß § 214 IV BauGB

Der Bebauungsplan könnte allerdings durch die rückwirkende Inkraftsetzung zum Zeitpunkt des Erlasses im Jahre 1975 wirksam geworden sein.

§ 214 IV BauGB enthält die Möglichkeit der Heilung jeglicher beachtlicher Verfahrens- und Formfehler. Im Falle der Heilung entfaltet die Satzung bis zur Behebung des Mangels keine Rechtswirkungen; durch die Beseitigung des Mangels kann sie jedoch **rückwirkend in Kraft gesetzt** werden.

Dies ist hier insoweit zweifelhaft, als es an einer Entscheidung des Gemeinderats fehlt und es zudem nicht zu einer erneuten Abwägung gekommen ist. Das *BVerwG* ist - unter Entscheidung eines langen Streits - zu dem Ergebnis gelangt, dass es für den Regelfall keiner erneuten Abwägung durch den Gemeinderat bedarf; dies gelte auch für den Fall, dass es zu einer Änderung der Sach- oder Rechtslage gekommen sei. Etwas anderes gelte nur dann, wenn das ursprüngliche Abwägungsergebnis unhaltbar oder der Plan inzwischen funktionslos geworden sei (s. nachfolgend unter III.). In diesem Fall aber, so das *BVerwG*, könne auch durch eine abwägende Entscheidung der Bebauungsplan nicht mehr fehlerfrei rückwirkend in Kraft gesetzt werden, weil ein funktionsloser oder auf einem unhaltbaren Abwägungsergebnis beruhender Inhalt eines Bebauungsplans nicht wirksames Recht werden könne. Eine erneute Abwägung ist also bei der rückwirkenden Inkraftsetzung nicht erforderlich.

Nach (wiederum äußerst umstrittener und vom BVerwG wohl verbindlich entschiedener Ansicht) ist es aus bundesrechtlicher Sicht auch nicht erforderlich, dass der Gemeinderat, das als Organ den ursprünglichen Beschluss erlassen hat, auch die rückwirkende Inkraftsetzung per Beschluss entscheidet.[5]

Der Bebauungsplan ist damit - aus verfahrensrechtlicher Sicht - rückwirkend wirksam geworden.

III. Nichtigkeit des Bebauungsplans wegen Funktionslosigkeit

Problematisch ist allerdings, dass die Gebietsfestsetzung als Dorfgebiet wegen der mittlerweile gewachsenen Bebauung faktisch nicht mehr verwirklicht werden kann. Sowohl das Gebiet des Bebauungsplans als auch die umliegenden Gebiete sind so gut wie flächendeckend mit Wohnhäusern bebaut. Ein Dorfgebiet nach § 5 BauNVO, das neben dem Wohnzweck auch die Ansiedlung von land- und forstwirtschaftlichen Betrieben bezweckt, ist daher nicht mehr umzusetzen. Das BVerwG hat für diese Fälle das Institut des **„funktionslosen Bebauungsplans"** entwickelt, der nichtig ist. Ein solcher funktionsloser Bebauungsplan liegt dann vor, wenn die Verhältnisse, auf die sich der Plan bezieht, in der tatsächlichen Entwicklung einen Zustand erreicht haben, der eine Verwirklichung der Festsetzung auf unabsehbare Zeit ausschließt und wenn die Erkennbarkeit dieser Tatsache einen Grad erreicht hat, der einem etwa dennoch in der Fortgeltung der Festsetzung gesetzten Vertrauen jegliche Schutzwürdigkeit nimmt[6].

Im vorliegenden Fall ist eine landwirtschaftliche Nutzung in dem vom Bebauungsplan umfassten Gebiet wegen der fast lückenlosen Wohnbebauung nicht mehr möglich; auch die

---

[5] Vgl. BVerwGE 110, 118 / 124.
[6] BVerwGE 54, 5; BVerwG, NVwZ 2001, 1055 / 1056.

mittlerweile bebaute Umgebung verbietet es, landwirtschaftliche und forstwirtschaftliche Betriebe hier anzusiedeln.

Wegen der Unmöglichkeit der landwirtschaftlichen Nutzung ist der Bebauungsplan daher sowohl im Gebiet als auch im angrenzenden Gebiet funktionslos. Entsprechend der vorhandenen Nutzung hat sich der Gebietscharakter verändert, so dass der Plan seine Wirksamkeit verloren hat. Der Bebauungsplan aus dem Jahre 1975 ist also wegen Funktionslosigkeit nichtig.

Fall 3: Ein Bebauungsplan für das „Lerchenwäldchen"

▶ **Standort:** Bauplanungsrecht, Überprüfung eines Bebauungsplans; Planaufstellungsverfahren

Auf dem wöchentlichen Stammtisch im „Blauen Ochsen" beschloss Bürgermeister H der kreisangehörigen nordrheinwestfälischen Gemeinde G zu vorgerückter Stunde gemeinsam mit seinen Stammtischgenossen, allesamt Ratsmitglieder des Gemeinderats in G, für das sogenannte „Lerchenwäldchen" einen Bebauungsplan aufzustellen.

Diese Idee des H stieß bei den Anwesenden auf große Begeisterung, weil Gewerbegebiet langsam knapp wird in der Gemeinde und man in Zukunft gerne noch einige Unternehmen anziehen möchte. Das „Lerchenwäldchen" sei für eine solche Erweiterung geradezu ideal, da von Norden aus ein Mischgebiet bis an den Wald herangerückt ist und auch von Westen her die Bebauung bereits bis zum Waldrand herangewachsen ist.

Um die Planung zügig voranzutreiben, beauftragt H gleich am nächsten Morgen ein Architekturbüro mit der Ausarbeitung des Plans. Sechs Monate später entwickelt das Architekturbüro einen entsprechenden Plan. Als dieser dem Gemeinderat vorgelegt wird, kommt es zu einer heftigen

Debatte. Insbesondere O, ein Mitglied der oppositionellen Fraktion, ist erbost darüber, wie in der Gemeinde die Aufstellung von Bebauungsplänen beschlossen werde; er habe die Nase voll von dieser „Stammtischkungelei". Daraufhin wird O von der Mehrheit der Gemeinderatsmitglieder für befangen erklärt und von der weiteren Abstimmung ausgeschlossen. Begründet wird die Befangenheitserklärung damit, dass O nie zum Stammtisch komme. Wenn er sich nicht so ausgrenze, könne er die dort zu treffenden Entscheidungen aktiv mitbestimmen. Das habe man gerne: sich um nichts kümmern und dann grundlos gegen den Plan anstänkern. O verlässt darauf hin wutentbrannt den Sitzungssaal. Bei der anschließenden Abstimmung des Gemeinderats wird der Bebauungsplan gebilligt; die Stimme des O wäre dabei für das Abstimmungsergebnis nicht entscheidend gewesen.

Das Lerchenwäldchen grenzt direkt an das Gemeindegebiet der Nachbargemeinde N an und stößt hier unmittelbar auf ein reines Wohngebiet. Bürgermeister H rechnet daher damit, dass die Nachbargemeinde N ihm Schwierigkeiten bereiten wird und würde diese am liebsten überhaupt nicht bezüglich des Bebauungsplans informieren. Bei einem weiteren Stammtisch lässt er sich dann aber doch von seinen Stammtischgenossen überzeugen, dass es sinnvoll ist, gegenüber N mit „offenen Karten" zu spielen, um sicherzustellen, dass der Bebauungsplan nicht doch noch scheitert. So werden die Nachbargemeinde N und auch die übrigen Behörden und Träger öffentlicher Belange, deren Aufgabenbereich von der Planung berührt wird, ordnungsgemäß gem. § 4 I BauGB beteiligt und zur Stellungnahme gem. § 4 II BauGB aufgefordert.

Gem. § 3 II BauGB wird die Auslegung des Plans beschlossen. Die Auslegung wird mit den erforderlichen Hinweisen ortsüblich bekannt gemacht und der Plan sodann ordnungsgemäß gemäß § 3 II 1 BauGB öffentlich ausgelegt.

O ist mit dem Bürgermeister K der Nachbargemeinde N befreundet. Er ist wegen der Vorgehensweise des Gemeinderates so erbost, dass er den Bebauungsplan auf jeden Fall verhindern will. Als er K von den Einzelheiten des Verfahrens erzählt, beauftragt dieser sofort einen Rechtsanwalt mit der Überprüfung der Rechtslage. K möchte wissen, ob der Bebauungsplan rechtswidrig sei und die Gemeinde N gegen diesen vorgehen könne. Er habe erhebliche Zweifel an der Rechtmäßigkeit des Bebauungsplans, da das „Lerchenwäldchen" direkt an das Gemeindegebiet der Gemeinde N angrenze und hier unmittelbar auf ein reines Wohngebiet stoße. Um den Plan umzusetzen, seien eine Rodung des Wäldchens und eine anschließende Mischbebauung vorgesehen, was eine erhebliche Immissionsbelastung für die Anwohner bedeute, die nicht hinzunehmen sei. Zu welchem Ergebnis wird R bei der rechtlichen Überprüfung des Plans gelangen? Kann er sichere Erfolgsaussichten bezüglich einer Klage einräumen?

I. Rechtmäßigkeit des Bebauungsplans
 1. Ermächtigungsgrundlage (+)
 2. Formelle Rechtmäßigkeit des Planentwurfes (+)
   a) Zuständigkeit (+)
   b) Verfahren (+)
     aa) Aufstellungsbeschluss, § 2 I 2 BauGB
     bb) Ausarbeitung des Plans
     cc) Vorgezogene Bürgerbeteiligung, § 3 I BauGB
     dd) Billigungs- und Auslegungsbeschluss
 3. Materielle Rechtmäßigkeit des Planentwurfes
   a) Erforderlichkeit, § 1 III BauGB (+)
   b) Ermessensfehler (+) / (-)
 4. Ergebnis

I. Rechtmäßigkeit des Bebauungsplans

R hat zu überprüfen, ob der von der Gemeinde G aufgestellte Bebauungsplan rechtmäßig ist.

1. Ermächtigungsgrundlage

Rechtsgrundlage für die Aufstellung des Bebauungsplans sind die §§ 1 III, 2 I 1 BauGB.

2. Formelle Rechtmäßigkeit des Planentwurfes

Der Planentwurf müsste **formell rechtmäßig** sein.

Klausurhinweis: Die Rechtmäßigkeit der Satzung wird grundsätzlich genauso geprüft wie die Rechtmäßigkeit eines Verwaltungsaktes. Formelle Rechtmäßigkeitsvoraussetzungen sind demnach: Zuständigkeit und Einhaltung der Verfahrens- und Formvorschriften. Anders als bei dem Verfahren zum Erlass eines Verwaltungsaktes, das grundsätzlich nicht förmlich ausgestaltet ist, spielen die Verfahrensvorschriften bei einem Planaufstellungsverfahren eine große Rolle.

---

a) Zuständigkeit

Die Gemeinde G ist nach §§ 2 I, 1 III BauGB zuständig für den Erlass des Bebauungsplans.

b) Verfahren

Der Gemeinderat müsste bei der Aufstellung des Plans die Verfahrensvorschriften eingehalten haben.

Klausurhinweis: Der Erlass eines Bebauungsplans richtet sich nach einem verfahrensrechtlichen Aufbauschema, das seine Regelung grundsätzlich im BauGB findet und durch die Vorschriften der Gemeindeordnungen (GOen) ergänzt wird. Die vom Gesetz vorgegebene Reihenfolge sollte bei der Prüfung unbedingt eingehalten werden.

---

aa) Aufstellungsbeschluss, § 2 I 2 BauGB

Das Aufstellungsverfahren beginnt regelmäßig mit dem sog. Aufstellungsbeschluss des Gemeinderats. Dieser Beschluss ist ortsüblich bekannt zu machen (§ 2 I 2 BauGB). Die Gemeinde G hat zu Beginn des Aufstellungsverfahrens keinen Aufstellungsbeschluss gefasst. Die Abstimmung beim Stammtisch genügt nicht den Anforderungen, die an eine solche Beschlussfassung gestellt werden. Nach h. M. kann der Aufstellungsbeschluss auch noch während des Verfahrens nachgeholt werden und muss nicht gesondert bei Eröffnung des Verfahrens gefasst werden. Die h. M. sieht den Aufstellungsbeschluss zumindest als im Auslegungsbeschluss nach § 3 II BauGB enthalten an. Der fehlende Aufstellungsbeschluss zu Beginn des Aufstellungsverfahrens stellt somit keinen Verfahrensfehler dar.

bb) Ausarbeitung des Plans

Hinsichtlich der anschließenden Ausarbeitung des Plans ergeben sich hier keine Bedenken.

cc) Vorgezogene Bürgerbeteiligung, § 3 I BauGB

Zweifel an der Ordnungsgemäßheit des Verfahrens könnten sich hingegen daraus ergeben, dass eine vorgezogene Bürgerbeteiligung unterblieben ist. Die Gemeinde legt die allgemeinen Ziele und Zwecke der Planung öffentlich dar und gibt den Bürgern Gelegenheit zur Äußerung und Erörterung. Durch das Ausbleiben dieser Bürgerbeteiligung liegt ein Verfahrensfehler vor, der die Nichtigkeit des Plans bewirken könnte.

Ein Verfahrens- bzw. Formverstoß ist im Grundsatz immer dann beachtlich, wenn er in § 214 I BauGB (lesen!) ausdrücklich benannt ist. Dabei regelt § 214 I BauGB abschließend, welche Rechtsfehler wegen eines Verstoßes gegen Verfahrens- und Formvorschriften des BauGB im Hinblick auf die Rechtswirksamkeit der Bauleitpläne beachtlich sind. Die hier verletzte Verfahrensvorschrift des § 3 I BauGB wird in § 214 I BauGB nicht genannt, so dass dieser Fehler unbeachtlich ist.

dd) Billigungs- und Auslegungsbeschluss

Problematisch könnte sein, dass der Gemeinderat der Gemeinde G bei der Beschlussfassung das Mitglied O wegen Befangenheit ausgeschlossen hat.

Die Voraussetzungen für eine Befangenheit nach § 31 GO NRW lagen nicht vor[7]. Allein die Tatsache, dass O nicht am Stammtisch teilnimmt, begründet hinsichtlich des Beschlusses noch keinen unmittelbaren Vor- bzw. Nachteil. Der Ausschluss des O war daher fehlerhaft. Da die §§ 214 ff. BauGB nur für Verstöße gegen Bundesrecht gelten, ist ein Verfahrensfehler, der – wie hier - Landesrecht betrifft, beachtlich. Ein solcher Fehler ist nur durch Wiederholung des Verfahrens ab dem Fehler heilbar, § 214 IV BauGB (lesen!). Diese Vorschrift berührt aber nicht die augenblickliche Nichtigkeit des Bebauungsplans.

Für den Auslegungsbeschluss hingegen spielte der Ausschluss des O keine Rolle, da die Stimme des O laut Sachverhalt für das Abstimmungsergebnis nicht entscheidend gewesen wäre.

3. Materielle Rechtmäßigkeit des Planentwurfes

Der Planentwurf könnte auch in materieller Hinsicht rechtswidrig sein. Materiell ist der Entwurf nur dann rechtmäßig, wenn er von der Ermächtigungsgrundlage getragen ist und kein Verstoß gegen höherrangiges Recht vorliegt.

a) Erforderlichkeit, § 1 III BauGB

Nach § 1 III i. V. m. § 2 I BauGB liegt eine ausreichende Ermächtigungsgrundlage vor, wenn der Erlass des konkreten Plans für die städtebauliche Entwicklung und Ordnung erforderlich ist. Diese Voraussetzung ist von den Ge-

---

[7] Regelungen über die Befangenheit von Ratsmitgliedern finden sich in den übrigen Bundesländern in: § 18 I GemO **BaWü**; Art. 49 GO **Bay**; § 22 **BrbgKVerf**; §§ 25, 35 II **HGO**; § 24 GO **MV**; § 41 **NKomVG**; §§ 22, 30 GemO **RhPf**; § 20 GO **Sachs**; § 33 **KVG LSA**; §§ 22, 30 GO **SH**; §§ 12, 24 **ThürKO**. In den Stadtstaaten Berlin, Hamburg und Bremen werden die Gemeindeordnungen durch die jeweiligen Landesverfassungen überlagert. Auf die entsprechenden hier geltenden speziellen Regelungen wird im Rahmen dieses Skripts nicht eingegangen.

richten in vollem Umfang nachprüfbar, die Gemeinden haben insoweit keinen Beurteilungsspielraum.

Die Gemeinde G benötigte dringend Bauland, so dass der Plan für die geordnete städtebauliche Entwicklung erforderlich ist.

b) Ermessensfehler

Die Überprüfung eines Plans erfolgt schließlich ähnlich einer Überprüfung einer Ermessensentscheidung, d. h., der Entwurf darf die Ermessensgrenzen nicht überschritten haben. Die Ermessensgrenzen ergeben sich aus § 8 II 1 und § 9 BauGB (lesen!). Der Bebauungsplan muss also einmal aus dem Flächennutzungsplan entwickelt sein, zum anderen muss er sich der durch § 9 BauGB vorgegebenen Möglichkeiten bedienen. Insoweit bestehen im konkreten Fall keine Bedenken.

Es darf kein Ermessensfehlgebrauch vorliegen. Ob dies der Fall ist, ist hinsichtlich des *Abwägungsvorgangs* und hinsichtlich des *Abwägungsergebnisses* zu überprüfen.

Bei der Frage, welche Belange von der planenden Gemeinde zu beachten sind, erleichtert das Gesetz die Überprüfung, da die meisten Belange im Gesetz selbst enthalten sind, §§ 1 IV – VI, 1 a, 2 II BauGB.

Nach § 1 IV BauGB müssen die Bauleitpläne den Zielen der Raumordnung angepasst sein, nach § 1 V BauGB muss insbesondere eine nachhaltige städtebauliche Entwicklung gewährleistet sein, nach § 2 II BauGB muss die Bauleitplanung zwischen mehreren Gemeinden abgestimmt werden.

Der Abwägungsvorgang wäre dann fehlerhaft, wenn die Gemeinde G das materielle Abstimmungsgebot des § 2 II BauGB entweder nicht erkannt, nicht richtig gewichtet oder beim Ausgleich verkannt hat. § 2 II BauGB verleiht der Gemeinde N, als Ausdruck ihrer eigenen Planungshoheit, die im Kern durch Art. 28 II GG gesichert ist, an der Planung nicht nur ein formelles Beteiligungsrecht, sondern begründet einen materiellen Rechtsanspruch auf Abstimmung. § 2 II BauGB begründet also ein Recht auf Beachtung der gemeindlichen Planungshoheit als abwägungsrechtlicher Belang[8]. Ob hier ein Verstoß gegen das interkommunale Abwägungsgebot vorliegt, hängt von der Gewichtung der konkreten Umstände des Einzelfalls ab.

4. Ergebnis

Rechtsanwalt R wird dem Bürgermeister K der Nachbargemeinde N mitteilen, dass der Planentwurf formell rechtmäßig ist und es sich hinsichtlich der materiellen Rechtmäßigkeit im Rahmen des Abwägungsgebots letztendlich um eine Tatfrage handelt. R wird K damit keine sicheren Erfolgsaussichten bezüglich einer eventuellen Klage einräumen.

Fall 4: Der Windenergiepark

▸**Standort:** Bauplanungsrecht, Planaufstellungsverfahren: Anforderungen an die öffentliche Auslegung gem. § 3 II 1 BauGB; Statthaftigkeit eines Normenkontrollantrags nach § 47 VwGO

Die in Schleswig-Holstein gelegene Gemeinde G beabsichtigt, im Außenbereich die Grundlage für einen Windenergiepark zu schaffen. Als Standort kommen zwei Gebiete in den Ortsteilen Deichrohde und Seefelden in Betracht. Nach einer ersten Expertenanhörung beschließt der Gemeinderat die Aufstellung eines entsprechenden Bebauungsplans. Der Planentwurf sieht für eine Fläche im Ortsteil Deichrohde, die im Flächennutzungsplan als Fläche für Versorgungsanlagen ausgewiesen ist, ein Sondergebiet für einen ca. 10 ha großen Windpark vor. Ausschlaggebend

---

[8] Bay VGH, BayVBl 85, 85 m. w. N.

hierfür war, dass die Entfernung für die Stromweiterleitung von Deichrohde geringer ist als von Seefelden.

Angenommen, die Gemeinde G hat, nachdem die Auslegung des Planentwurfs nach § 3 II BauGB beschlossen und die Auslegung ortsüblich bekannt gemacht worden war, folgende Einsichtnahmemöglichkeit vorgesehen: Interessierte Bürger haben die Gelegenheit, den Plan von 14.00 – 16.00 Uhr einzusehen. In Anbetracht der zunehmenden Arbeitsbelastung der wenigen Gemeindeangestellten sieht man von einer Einsichtnahmemöglichkeit am Vormittag ab. Am 01. Juli beschließt die Gemeinde den Bebauungsplan als Satzung.

Kurz danach wendet sich der im Ortsteil Deichrohde wohnende Bürger B, der Sprecher der neu gegründeten Bürgerinitiative „Gegenwind", schriftlich an die Gemeinde G. Es sei doch wohl offensichtlich, dass man durch die kurzen Öffnungszeiten interessierte Bürger bewusst daran hindern wollte, sich über den Plan zu informieren. Er bringt vor, dass eine Einsichtnahme in diesem engen zeitlichen Rahmen kaum möglich sei. Eine solche zeitliche Beschränkung sei nicht zumutbar.

a) Hat B mit seiner Einwendung Recht?

b) Die Fläche im Ortsteil Deichrohde, auf der der Windenergiepark errichtet werden soll, grenzt unmittelbar an die Nachbargemeinde Fischersiel an und stößt hier unmittelbar auf ein reines Wohngebiet. Vom Windenergiepark ginge nach Auffassung des B eine immense Immissionsbelastung für die Bürger des Wohngebietes aus, die diesen nicht zuzumuten sei. Man werde diese Landschaftszerstörung nicht ohne weiteres hinnehmen. Wäre eine Klage der Nachbargemeinde Fischersiel in diesem Fall begründet?

c) Wenn ja, mit welcher Klageart könnte die Nachbargemeinde den Planentwurf angreifen?

Zu a) Verstoß gegen § 3 II BauGB (+)

Zu b) Begründetheit der Klage der Nachbargemeinde Fischersiel
(+) / (-) (je nach Ausgang der gerichtlichen Beweisaufnahme)

Zu c) Statthafte Klageart der Klage der Nachbargemeinde Fischersiel
aa) Verfahren vor dem OVG: Normenkontrollantrag nach § 47 VwGO (-)
(1) Statthaftigkeit in Bezug auf kontrollfähige Norm (-)
(2) Statthaftigkeit im Hinblick auf § 33 BauGB (-)
bb) Verfahren vor dem VG: Vorbeugende Unterlassungsklage (+)

Zu a)

B hätte dann mit seiner Einwendung Recht, wenn die öffentliche Auslegung des Plans, die nach der ortsüblichen Bekanntmachung erfolgt, nicht ordnungsgemäß durchgeführt wurde.

Der Planentwurf war für die Mindestdauer von einem Monat auszulegen (§ 3 II 1 BauGB; lesen). Hierdurch erhalten die Bürger die Möglichkeit, sich über die Planung zu informieren und Anregungen vorzubringen. Bedenken könnten sich im vorliegenden Fall daraus ergeben, dass der Plan täglich nur für zwei Stunden einzusehen war.

Die Frage, für wie viele Stunden eine Einsichtsmöglichkeit bestehen muss, hat die Obergerichte wiederholt beschäftigt. Dabei ging es fast immer um die Frage, ob eine Auslegung während der üblichen Dienststunden bestehen muss. Einig war man sich, dass eine Beschränkung auf wenige Stunden am Tag nicht ausreichend ist[9]. Das BVerwG hat in einer Grundsatzentscheidung hierzu ausgeführt, dass eine einmonatige Auslegung der Entwürfe, die auf Stunden des Publikumsverkehrs beschränkt ist, genügt, sofern die Stunden des Publikumsverkehrs so bemessen sind, dass die Einsichtsmöglichkeit *nicht unzumutbar beschränkt ist.* Im vorliegenden Fall bestand nur die Möglichkeit, während zehn Stunden in der Woche den Entwurf einzusehen.

---

[9] Vgl. BayVGH, BayVBl 74, 532; Ernst/Zinkahn/Bielenberg, BauGB, § 2 a, R. 105 ff.

Dies stellt eine unzumutbare Einschränkung der Einsichtsmöglichkeit dar. Die durchgeführte Auslegung verstößt damit gegen § 3 II BauGB.

Bei einem Verstoß gegen § 3 II BauGB handelt es sich um einen **beachtlichen Verfahrensfehler** gem. § 214 I Nr. 2 BauGB.

Dieser Fehler könnte gem. § 215 I BauGB durch Ablauf der Geltendmachungsfrist geheilt und damit letztlich als unbeachtlich gewertet werden. Dazu wäre aber erforderlich, dass der Fehler innerhalb eines Zeitraums von einem Jahr nicht gerügt wird. Erhebt die Gemeinde Fischersiel jedoch – fristgerecht - eine Unterlassungsklage und rügt den Verfahrensfehler, scheidet eine Unbeachtlichkeit aus. Davon ist hier auszugehen.

Der Planentwurf der Gemeinde G ist aus dem oben aufgezeigten Grund formell fehlerhaft. Der Fehler ist nicht unbeachtlich.

Zu b)

Eine Klage der Nachbargemeinde Fischersiel wäre begründet, wenn die angegriffene Planung entweder formell oder materiell rechtswidrig ist und die Gemeinde dadurch in ihren Rechten verletzt wird.

Wie unter Ziffer a) ausgeführt, ist die angegriffene Planung zumindest in formeller Hinsicht rechtswidrig, da der Planentwurf nicht ordnungsgemäß gemäß § 3 II 1 BauGB öffentlich ausgelegt wurde. Hat die Gemeinde G den Bebauungsplan entgegen § 2 II BauGB aufgestellt, liegt auch eine subjektive Rechtsverletzung der Gemeinde vor. Je nach Ausgang der gerichtlichen Beweisaufnahme ist die Klage begründet oder unbegründet.

Zu c)

aa) Verfahren vor dem Oberverwaltungsgericht (OVG): Normenkontrollantrag nach § 47 VwGO

Als statthafte Klageart, mit der sich die Nachbargemeinde Fischersiel gegen den Planentwurf zur Wehr setzen kann, kommt ein Normenkontrollantrag nach § 47 VwGO vor dem Oberverwaltungsgericht (OVG) in Betracht.

(1) Statthaftigkeit in Bezug auf kontrollfähige Norm

Die Statthaftigkeit eines Normenkontrollantrages nach § 47 VwGO setzt voraus, dass sich dieser auf eine **kontroll-fähige Norm i. S. v. § 47 I Nr. 1 oder Nr. 2 VwGO** bezieht. Ein Bebauungsplan, der als Satzung erlassen wird, ist eine kontrollfähige Norm nach § 47 I Nr. 1 VwGO.

Der Statthaftigkeit eines Normenkontrollantrages könnte hier entgegenstehen, dass die Genehmigung des Bebauungs-plans noch nicht gemäß § 10 III BauGB (lesen!) ortsüblich bekannt gemacht worden ist.

Die Rechtsverbindlichkeit des Bebauungsplans ist gemäß § 10 III 5 BauGB von der Bekanntmachung der Genehmi-gung abhängig. Ein bloßer Planentwurf kann nicht zu-lässigerweise Gegenstand eines Normenkontrollverfahrens sein (grundsätzliches Verbot sog. *präventiver Normenkon-trolle*). Nach § 47 V S. 2 VwGO ist im Normenkontrollver-fahren über die „Gültigkeit" einer Norm zu entscheiden, d. h. Voraussetzung für eine richterliche Entscheidung, dass eine Norm ungültig ist, ist, dass überhaupt eine Norm besteht.

Solange die Norm noch nicht erlassen und deshalb deren Inhalt noch nicht endgültig feststeht, kann die Vereinbarkeit der Norm mit den im Rahmen des § 47 VwGO festgelegten Prüfungsmaßstäben nicht beurteilt werden.

Bei Bebauungsplänen tritt an die Stelle der bei Normen üblichen Verkündung die *Auslegung* verbunden mit der Bekanntmachung der Genehmigung der Durchführung des Anzeigeverfahrens sowie die Bekanntmachung des Auslegungsortes gem. § 10 III BauGB. Die Bekanntmachung der Genehmigung ist zusammen mit der Auslegung Ersatzverkündung des als Satzung beschlossenen Bebauungsplans. Erst mit der Ersatzverkündung wird der Norminhalt verbindlich festgelegt und der Bebauungsplan kontrollfähig[10].

(2) Statthaftigkeit im Hinblick auf § 33 BauGB

Im vorliegenden Fall könnte ausnahmsweise eine präventive Normenkontrolle im Hinblick auf § 33 BauGB zulässig sein. Danach wird das Inkrafttreten des Bebauungsplans in dem Umfang vorverlagert, in dem die Planung sachlich abgeschlossen ist. Somit besteht die Gefahr, dass Baugenehmigungen erteilt werden können, ehe der Bebauungsplan rechtlich angegriffen werden kann. Daher wird die Auffassung vertreten, bei Planreife eine Normenkontrolle im Hinblick auf § 33 BauGB zuzulassen[11].

Jedoch besteht trotz Erteilung von Baugenehmigungen nach § 33 BauGB keine Bindung der Gemeinde in Bezug auf den Inhalt der künftigen Festsetzungen des Planentwurfs. Auch noch nach Genehmigung des Planentwurfs (im laufenden Aufstellungsverfahren) kann die Gemeinde die Planung jederzeit ändern. Erst mit Bekanntmachung der Genehmigung gem. § 10 III BauGB tritt eine Bindung ein.

Ein Bebauungsplan, der Planreife i. S. d. § 33 BauGB erlangt hat, bietet keinen hinreichend konkreten, nicht mehr variablen Gegenstand für ein Normenkontrollverfahren. Aus diesem Grund ist der Entwurf eines Bebauungsplans nicht normenkontrollfähig[12].

---

[10] Vgl. BayVGH, BayVBl 86, 498.
[11] Vgl. Jäde, BayVBl 85, 225, 226.
[12] Vgl. BayVGH, BayVBl 86, 498.

bb) Verfahren vor dem Verwaltungsgericht (VG): Vorbeugende Unterlassungsklage

Es stellt sich daher die Frage, ob die Nachbargemeinde Fischersiel abwarten muss, bis die Gemeinde G den Bebauungsplan erlassen hat oder ob sie die Fortführung des laufenden Aufstellungsverfahrens verhindern kann.

Als geeignete Klage kommt eine (vorbeugende) Unterlassungsklage in Betracht. Zwar kann mit dieser Klageart nicht jedwede Aufstellung eines Bebauungsplans, wohl aber der Erlass eines Plans mit dem Inhalt, wie er sich im derzeitigen Entwurf niederschlägt, verhindert werden.

Die h. M. hält eine vorbeugende Unterlassungsklage prinzipiell für zulässig, verlangt hierfür aber ein besonderes Rechtsschutzbedürfnis. Dieses besondere Rechtsschutzbedürfnis liegt vor, da ein ausreichender nachträglicher Rechtsschutz im vorliegenden Fall nicht gegeben ist. Die Gemeinde Fischersiel kann auch nicht auf die Möglichkeit einer Anfechtungsklage gegen einzelne Baugenehmigungen nach § 33 BauGB verwiesen werden.

Zur Realisierung des bekämpften Bebauungsplans ist die Erteilung einer Vielzahl von Einzelbaugenehmigungen erforderlich und der Klägerin kann nicht zugemutet werden, jede einzelne Genehmigung anzufechten. Auch kann die Gemeinde Fischersiel nicht wirksam mit einer vorbeugenden Unterlassungsklage gegen die Genehmigung des Bebauungsplans vorgehen, weil die Genehmigung des Plans gegenüber der Klägerin keinen anfechtbaren Verwaltungsakt, sondern nur einen unentbehrlichen Bestandteil des Normsetzungsverfahrens darstellt.

Die Nachbargemeinde Fischersiel kann somit im Wege der vorbeugenden Unterlassungsklage den Erlass des Bebauungsplans mit dem Inhalt, wie er sich im derzeitigen Entwurf niederschlägt, verhindern.

Ergänzender Hinweis: Die übrigen Zulässigkeitsvoraussetzungen sind unproblematisch. § 42 II VwGO findet auf die Leistungsklage in Form der vorbeugenden Unterlassungsklage *analoge* Anwendung. Die Klägerin kann die Verletzung eigener Rechte geltend machen. Sie kann behaupten, die angegriffene Planung stehe nicht im Einklang mit dem Abstimmungsgebot des § 2 II BauGB und verletze sie deshalb in ihrer Planungshoheit. Die Gemeinde Fischersiel wäre daher klagebefugt.

Fall 5: Der Badetempel

▶**Standort:** Bauplanungsrecht, Überprüfung eines Bebauungsplans; Verstoß gegen § 8 II 1 und § 9 BauGB i. V. m. § 1 III BauGB

Die im Allgäu gelegene Gemeinde A erfreut sich in den vergangenen Jahren wegen ihrer dortigen Heilquellen zunehmender Beliebtheit; das Quellwasser soll in der Vergangenheit verschiedenartigste Krankheiten geheilt haben. Inzwischen hat sich eine Reihe Kliniken in A niedergelassen, die mit alternativer Medizin arbeiten und stets ausgebucht sind. Wellness-Hotels bieten anspruchsvolle Erholungs- und Entspannungsangebote an. Bürgermeister B macht sich realistische Hoffnungen, dass A in naher Zukunft zu einem Kurort werden könnte und plant - um diese Idee voranzutreiben - die Errichtung eines Erholungsparks mit einer Orangerie, in der Massagen angeboten werden, einer Kneipp-Wassertretstelle und eines Thermalbades als Attraktion der Parkanlage. „Der Badetempel" soll im Stil eines römischen Badetempels errichtet werden. Zu diesem Zweck setzt die Gemeinde in einem Flächennutzungsplan und einem gleichzeitig entwickelten Bebauungsplan fest, dass ein solcher Erholungspark errichtet wird. Dieser Park ist so geplant, dass er direkt an das 1.500 qm große Grundstück der Eheleute E angrenzt. Für das Grundstück der E, das in einem allgemeinen Wohngebiet liegt, ist die Errichtung eines Ausflugscafés mit einem Biergarten für mindestens 120 Gäste und eines „Spielparadieses" für Kinder geplant, das

den Besuchern des „Badetempels" Gelegenheit geben soll, anschließend noch ein kühles Bierchen zu trinken und auch eine gute Möglichkeit zur Einkehr bieten soll. Die Eheleute E sind entsetzt über die Festsetzungen im Bebauungsplan, hatten sie doch schon seit langer Zeit die Errichtung eines Hotels auf ihrem Grundstück geplant. Sie sind der Ansicht, die Festsetzungen im Bebauungsplan seien rechtswidrig.
Man könne doch nicht ohne weiteres in einem Bebauungsplan festsetzen, auf welche Weise sie ihr Grundstück nutzen dürfen. Dies sei ein unzulässiger Eingriff in ihr Grundeigentum. Haben die E mit ihrer Auffassung Recht?

I. Formelle Rechtmäßigkeit (+)
II. Materielle Rechtmäßigkeit (-)
 1. Verstoß gegen § 8 II 1 BauGB (-)
 2. Verstoß gegen § 9 BauGB i. V. m. § 1 III BauGB (+)
 a) Zulässigkeit nach § 9 I Nr. 1 BauGB (-)
 aa) Verstoß gegen § 1 III BauGB (+)
 bb) Verstoß gegen § 4 II Nr. 2 BauNVO (+)
 b) Zulässigkeit nach § 9 I Nr. 9 BauGB (-)
III. Ergebnis

Der Bebauungsplan ist in formeller und materieller Hinsicht zu überprüfen.

I. Formelle Rechtmäßigkeit

Der Sachverhalt enthält keine Anhaltspunkte, dass der Bebauungsplan in formeller Hinsicht fehlerhaft ist.

II. Materielle Rechtmäßigkeit

Zweifel an der materiellen Rechtmäßigkeit des Bebauungsplans könnten sich daraus ergeben, dass dieser gleichzeitig mit dem Flächennutzungsplan entwickelt worden und sein Inhalt möglicherweise nicht zulässig ist. Darin könnte ein Verstoß gegen § 8 II 1 und § 9 BauGB i. V. m. § 1 III BauGB bestehen.

1. Verstoß gegen § 8 II 1 BauGB

Nach § 8 II 1 BauGB (lesen!) sind Bebauungspläne aus dem Flächennutzungsplan zu entwickeln. Der Gesetzgeber hat mit dem 1979 eingefügten § 8 III BauGB (lesen!) klargestellt, dass die Gemeinden einen Bebauungsplan gleichzeitig mit dem Flächennutzungsplan aufstellen, ändern und ergänzen können. Bis zu diesem Zeitpunkt war umstritten, ob ein Verstoß gegen § 8 II 1 BBauG (inhaltsgleich mit dem BauGB) vorliegt, wenn beide Pläne zeitlich parallel ausgearbeitet werden. Dementsprechend ist hier durch den parallelen Erlass der beiden Pläne kein Verstoß gegen § 8 II 1 BauGB gegeben.

2. Verstoß gegen § 9 BauGB i. V. m. § 1 III BauGB

Es ist nunmehr zu prüfen, ob der Bebauungsplan in inhaltlicher Hinsicht zulässig ist. Die Festsetzung eines Ausflugscafés für 120 Gäste auf dem Grundstück der Eheleute E könnte rechtswidrig sein.

Ob der Inhalt des Bebauungsplans zulässig ist, richtet sich nach § 9 BauGB. Die Festsetzungen des Bebauungsplans (§ 9 I BauGB) sind abschließend aufgezählt und lassen sich in bestimmte Fallgruppen unterteilen. Trifft der Bebauungsplan verbindliche Anordnungen, die über diese Regelungen hinausgehen, sind sie unwirksam. Bei der Prüfung, inwieweit die Gemeinde sich an diese Festsetzungen gehalten hat, sind insbesondere die Grundsätze der § 1 III, V, VI BauGB zu berücksichtigen.

a) Zulässigkeit nach § 9 I Nr. 1 BauGB

Die Zulässigkeit der Bestimmung, das Grundstück der E mit einem Ausflugscafé zu bebauen, könnte sich aus § 9 I Nr. 1 BauGB ergeben. Danach setzt der Bebauungsplan für das Bauland „die Art und das Maß der baulichen Nutzung" fest.

Die Baunutzungsverordnung (BauNVO) trifft für Art und Maß der baulichen Nutzung sowie die Bauweise typisierende Regelungen, um eine einheitliche Festlegung für die Gemeinden sicherzustellen. Die Art der baulichen Nutzung ist durch die Gebiete der BauNVO gekennzeichnet; die Vorschriften der §§ 2 -14 BauNVO werden mit der Festsetzung der Baugebiete Bestandteil des Bebauungsplans, § 1 III BauNVO.

Das Grundstück der E liegt in einem allgemeinen Wohngebiet, in welchem gem. § 4 II Nr. 2 BauNVO Schank- und Speisewirtschaften zulässig sind. Zwar ist ein Ausflugscafé einer Schank- und Speisewirtschaft ähnlich, doch ergeben sich erhebliche Bedenken hinsichtlich der Zulässigkeit einer solchen Festsetzung, da sie zum einen gegen den Erforderlichkeitsgrundsatz des § 1 III BauGB und zum anderen wegen der festgesetzten Größe gegen § 4 II Nr. 2 BauNVO verstoßen könnte.

aa) Verstoß gegen § 1 III BauGB

Durch die Festlegung eines „Ausflugscafés" könnte ein Verstoß gegen den in § 1 III BauGB (lesen!) geregelten **Erforderlichkeitsgrundsatz** vorliegen. Dieser Grundsatz ist in zweierlei Hinsicht von Bedeutung: zum einen in Richtung des notwendigen Umfangs der Regelungen und zum anderen in der Begrenzung der Regelungen. „Das Maß gebotener Konkretisierung" hängt „wesentlich von der Art der jeweiligen Festsetzung, von den Planungszielen und von den Umständen im Einzelfall, insbesondere auch von den örtlichen Verhältnissen ab"[13].

Die Festsetzungen müssen zur Verwirklichung der Planungsziele objektiv geeignet, ihrer Art und ihrem Ausmaß nach notwendig und darüber hinaus in ihrer inhaltlich auf das Grundeigentum einwirkenden Intensität gerechtfertigt

---

[13] Vgl. BVerwG, NVwZ 1989, 659; BVerwGE 50, 114 (120 ff.).

sein. Den E wird mit der Festlegung eines „Ausflugscafés" eine spezielle Nutzung ihres Grundstücks vorgeschrieben, was in unverhältnismäßigem Maße in ihr Grundeigentum eingreift. Sicherlich ist die Planung der Gemeinde A, für den immer größer werdenden Besucherandrang in der Gemeinde eine spezielle Bewirtungsmöglichkeit zur Verfügung zu stellen, nachzuvollziehen, doch legen derart spezielle Festsetzungen die Art des Gewerbes fest und gehen damit über die rein bauliche Nutzung eines Grundstücks hinaus.

Ein Eingriff von solcher Intensität in das Grundeigentum des Einzelnen ist nicht gerechtfertigt. Somit ist der Grundsatz der Erforderlichkeit (§ 1 III BauGB) verletzt.

bb) Verstoß gegen § 4 II Nr. 2 BauNVO

Ferner könnten die Festsetzungen gegen § 4 II Nr. 2 BauNVO verstoßen. Nach dieser Vorschrift sind nur Betriebe zulässig, die der „Versorgung des Gebiets" dienen. Damit ist die Versorgung des Personenkreises gemeint, der in dem Gebiet wohnt, d. h. die Versorgung der Bewohner des Wohngebiets und nicht die der Besucher des Ausflugscafés. Das Café ist für eine Besucherzahl von 120 Personen vorgesehen und damit in einer Größenordnung geplant, die in erster Linie der Versorgung der Besucher der Gemeinde A und nicht der Bewohner des allgemeinen Wohngebiets dienen soll. Es liegt ein Verstoß gegen § 4 II Nr. 2 BauNVO vor.

b) Zulässigkeit nach § 9 I Nr. 9 BauGB

Die Zulässigkeit der Festsetzung könnte sich jedoch aus § 9 I Nr. 9 BauGB ergeben. Durch diese Vorschrift soll dem städtebaulich begründeten Nutzungszusammenhang von zwei Flächen Rechnung getragen werden, wenn keine der speziellen Festsetzungsmöglichkeiten des § 9 I BauGB Anwendung findet. Voraussetzung für die Zulässigkeit einer solchen Festsetzung ist, dass eine Folgenutzung oder *komplementäre* Nutzung vorliegt, also ein enger räumlicher

Zusammenhang besteht. Ein solcher Zusammenhang ist hier grundsätzlich gegeben, da die Gemeinde A das „Ausflugscafé" auf dem Grundstück der E unmittelbar angrenzend an den Erholungspark ausgewiesen hat. Somit liegt eine komplementäre Nutzung für ein Ausflugscafé neben einem Erholungspark vor.

Der Zulässigkeit der Festsetzung könnte allerdings die vorgesehene Größenordnung des Cafés von mindestens 120 Gästen entgegenstehen. § 9 I Nr. 9 BauGB spricht lediglich von dem Nutzungszweck, der festgesetzt werden kann, nicht hingegen vom Umfang oder der Größe der Nutzung. Durch die Festsetzung einer bestimmten Größe des Cafés nimmt die Gemeinde A eine Maßnahme vor, die die Entscheidungsfreiheit des Investors tangiert; dieser allein entscheidet, welche Größe bzw. welchen Umfang sein Gewerbebetrieb haben soll.

Die Gemeinde A greift damit in eine Angelegenheit der freien Marktwirtschaft ein. Alleinige Aufgabe des Planungsträgers wäre es gewesen, eine genügend große überbaubare Fläche in dem Bebauungsplan auszuweisen und nicht eine Mindestgröße vorzugeben. Mithin ist die Festsetzung nicht zulässig. Eine Planerhaltung nach den §§ 214 ff. BauGB kommt nicht in Betracht, da ein Verstoß gegen § 9 I BauGB in diesen Vorschriften nicht erfasst und daher stets beachtlich ist.

III. Ergebnis

Der Bebauungsplan ist materiell rechtswidrig.

44

Fall 6: Letzte Ruhe

▶ **Standort:** Bauplanungsrecht; Rechtmäßigkeit eines vorhabenbezogenen Bebauungsplans

Unternehmer L betreibt die in der Stadt S ansässige Lift GmbH, die sich vor einigen Jahren auf die Herstellung sog. Treppenlifter spezialisiert hat und dank eines völlig neuen Treppenliftsystems kontinuierlich steigende Umsätze verzeichnen kann. L ist bekannt für eine äußerst soziale Führung seines Unternehmens: er legt extremen Wert auf persönlichen Kontakt zu seinen insgesamt 350 Mitarbeitern, hat stets ein offenes Ohr für Probleme, finanziert ein firmeneigenes Fitnessstudio, das die Mitarbeiter zur Erholung kostenlos nutzen können und plant sogar die Einrichtung einer firmeneigenen Kindertagesstätte, um jungen Mitarbeiterinnen den Wiedereinstieg in den Job zu ermöglichen.

Das soziale Engagement des L ist nicht auf sein Unternehmen beschränkt: er ist Mitglied des Pfarrgemeinderats der Kirchengemeinde und hat den M. W. A. – MIT WÜRDE ALTERN – Verein gegründet, der sich um die Betreuung alter Menschen durch regelmäßige Besuche, Spaziergänge, Vorlesen kümmert, um diese so vor der Vereinsamung zu bewahren. Schon seit langem ist L entsetzt über die verheerenden Zustände, die in den drei Seniorenheimen in S herrschen; Personalmangel führt dazu, dass für die alten Menschen nur das Nötigste getan wird; Unsauberkeit gehört ebenso zur Tagesordnung wie ein rauer, oftmals aggressiver Umgang mit den Bewohnern. Durch ständigen Kontakt zu den Heimleitungen und verstärkte Präsenz seiner Vereinsmitglieder versucht er massiv, an diesen Zuständen etwas zu ändern.

Darüber hinaus beschäftigt er sich schon seit einiger Zeit mit dem Gedanken, selbst in S ein weiteres Seniorenheim zu errichten, das er nach seinen Maßstäben führen und in dem er den alten Menschen ein würdiges Altern ermöglichen kann.

Da L sehr naturverbunden ist, möchte er eine Anlage errichten, die von sehr viel Grün umgeben ist; ein künstlich angelegter See soll den alten Menschen die nötige Ruhe und Entspannungsmöglichkeiten verschaffen. Auf der Suche nach einem geeigneten Gelände für sein „Haus Seeblick" stößt L auf eine noch weitgehend unbebaute Fläche im Gewerbegebiet „Letzte Ruhe" im Osten der Stadt S. Das Gewerbegebiet wurde im Jahre 2000 durch einen qualifizierten Bebauungsplan als Gebiet nach § 8 BauNVO festgesetzt.

Der ebenfalls im Jahre 2000 im Parallelverfahren aufgestellte Flächennutzungsplan sah für dieses Gebiet eine gewerbliche Baufläche (G) gem. § 1 I Nr. 3 BauNVO vor. In dem Gebiet waren Gebäude für KfZ-Reparaturwerkstätten, Schlossereien, Speditionen etc. vorgesehen. Da die Gewerbeansiedlung nur schleppend voranschritt, waren die meisten Erschließungsanlagen (Erschließungsstraßen, Wasser- und Abwasseranlagen, Stromleitungen) bisher noch nicht errichtet worden.

In dem Wissen, dass in diesem Gebiet die im Eigentum der Stadt S stehenden Grundstücke günstig zu erwerben sind, wandte L sich an das Planungsamt der Stadt S. Er schlug vor, bei Einverständnis der Stadt die gesamten Planungsarbeiten und –kosten zu übernehmen. Die Stadt stimmte diesem Vorschlag ohne zu zögern zu, da sie darin eine Möglichkeit sah, günstig ihre Grundstücke zu verkaufen und forderte L auf, entsprechende Planungen und einen Vertragsentwurf einzureichen.

In den nachfolgenden Verhandlungen ließ L sich auch noch von der Stadt die Planungen für den neuen Bauhof sowie die Kostenübernahme hierfür aufbürden. Der anschließend eingereichte Plan sah die Errichtung von Erschließungsstraßen mit Kanalisation und Stromzufuhr sowie sechs Hausgruppen in zweigeschossiger Bauweise für insgesamt 200 Senioren vor.

Außerdem war auf einem östlichen Randgrundstück zur Seniorenwohnanlage der neue Bauhof der Gemeinde geplant.

Dem Plan wurde der Entwurf eines Durchführungsvertrages beigefügt, in dem sich L verpflichtete, die für die Seniorenwohnanlage benötigten Grundstücke zum Preis von 1,5 Mio. € zu erwerben und sämtliche Erschließungs- und Planungskosten zu übernehmen. Die Baukosten für die Errichtung des städtischen Bauhofs waren davon jedoch ausgenommen. Schließlich verpflichtete L sich zur Durchführung der Erschließungsarbeiten und der Errichtung der Seniorenwohnanlage in einer Frist von sechs Jahren.

Zeitgleich mit den Planungen und dem Vertragsentwurf reichte L auch vollständige Bauanträge für seine geplante Seniorenwohnanlage ein.

Der Vorhaben- und Erschließungsplan für die Seniorenwohnanlage wurde mit einmonatiger Äußerungsfrist den Trägern öffentlicher Belange und auch dem Nachbarn N zugeleitet, der auf dem unmittelbar westlich an die geplante Seniorenwohnanlage angrenzenden Grundstück im Gewerbegebiet eine Bauschlosserei mit 250 Angestellten betreibt. Sonstige verfahrensrechtliche Anforderungen, insbesondere hinsichtlich der Bürgerbeteiligung, wurden eingehalten.

Das an N gerichtete Schreiben ging in seinen Geschäftsunterlagen unter, so dass er sich nicht innerhalb der gesetzten Frist äußerte. In der Zwischenzeit wurde von einem Notar, nach Zustimmung des Stadtrats, bereits der Durchführungsvertrag mit L abgeschlossen.

Auf der nächsten ordnungsgemäß einberufenen Stadtratssitzung erläuterte der Bürgermeister das Vorhaben. Er machte darauf aufmerksam, dass die Stadt weder für die Seniorenwohnanlage noch für den Bauhof einen eigenen Planungs- und Erschließungsaufwand trage.

Auch der von L akzeptierte Kaufpreis für die Grundstücke sei deutlich über den derzeit auf dem Markt erzielbaren Preisen gelegen.

Der Stadtrat beschloss darauf hin einstimmig den vorhabenbezogenen Bebauungsplan „Seniorenwohnanlage Seeblick". Außerdem wurde beschlossen, dass ein Baugenehmigungsverfahren nicht für notwendig erachtet werde, was L formlos mitgeteilt wurde.

Die Satzung wurde in Vollzug des Stadtratsbeschlusses ordnungsgemäß ausgefertigt und verkündet. Die Verkündung erfolgte am 14.08. Die Vorschriften über die Bekanntmachung wurden eingehalten.

Monate später, am 15.01. begann L mit den Bauarbeiten. Als N hiervon erfuhr, schaltete er umgehend Rechtsanwalt RA ein und beauftragte diesen damit, alles Notwendige zu unternehmen, um die Errichtung der Seniorenwohnanlage zu verhindern. Es könne doch nicht sein, dass der Stadt jedes Mittel recht sei, um sich zu sanieren. Von seinem Schlossereibetrieb gingen erhebliche Lärm- und Geruchsemissionen aus und er sehe nicht ein, diese für das Vorhaben des L einzuschränken, „nur weil dieser die Welt verbessern müsse." Schließlich habe er seinen Betrieb schon vor Jahren angesiedelt.

Als Rechtsanwalt RA sich mit dem Bürgermeister B der Stadt S in Verbindung setzt, um mit diesem eine Behebung etwaiger Fehler zu erörtern, kommen B immer mehr Bedenken an der Rechtmäßigkeit des vorhabenbezogenen Bebauungsplans. Vielleicht habe man in der Euphorie über den finanziellen Segen über einiges hinweg gesehen. B übergibt den Vorgang dem städtischen Rechtsamt mit der Bitte, die Rechtmäßigkeit des vorhabenbezogenen Bebauungsplans zu überprüfen, um eine Behebung etwaiger Mängel in Erwägung ziehen zu können.

Zu welchem Ergebnis wird das Rechtsamt kommen?

48

I. Formelle Rechtmäßigkeit der Satzung (+)
  1. Formale Anforderungen an die Satzung (+)
  2. Verfahren des Erlasses der Satzung (+)
  3. Abschluss des Durchführungsvertrages (+)
  4. Zwischenergebnis
II. Materielle Rechtmäßigkeit der Satzung (-)
  1. Verhältnis des vorhabenbezogenen Bebauungsplans
    zum vorhandenen Bebauungsplan
  2. Statthaftigkeit des vorhabenbezogenen Bebauungsplans (+)
  3. Verstoß gegen das Gebot der nachhaltigen
    städtebaulichen Entwicklung (+)
  4. Verstoß gegen das Entwicklungsgebot aus d. Flächennutzungsplan (+)
  5. Verstoß gegen das Abwägungsgebot (+)
  6. Unbeachtlichkeit materieller Fehler (-)
III. Ergebnis

Der vorhabenbezogene Bebauungsplan müsste in formeller und materieller Hinsicht rechtmäßig sein.

I. Formelle Rechtmäßigkeit der Satzung

1. Verstoß gegen formale Anforderungen an die Satzung

Ein Verstoß gegen die formalen Anforderungen an den vorhabenbezogenen Bebauungsplan ist aus dem Sachverhalt nicht ersichtlich. Insbesondere ist der Durchführungsvertrag vor dem Beschluss über den Bebauungsplan abgeschlossen worden (§ 12 I 1 a. E. BauGB).

2. Verfahren des Erlasses der Satzung

Fraglich ist aber, ob auch das Verfahren bzgl. der Aufstellung des vorhabenbezogenen Bebauungsplans ordnungsgemäß durchgeführt worden ist.

Der Vorhaben- und Erschließungsplan wurde mit der Stadt S inhaltlich abgestimmt (§ 12 I 1 BauGB). Vor dem Erlass der Satzung wurde den betroffenen Bürgern und den Trägern öffentlicher Belange Gelegenheit zur Stellungnahme innerhalb einer Frist von einem Monat gegeben (§§ 3 I 1, 4 BauGB).

Die gesetzte Frist für die Stellungnahme erscheint nicht als zu knapp bemessen; Anhaltspunkte für eine Verlängerung nach § 4 II 2 BauGB sind nicht ersichtlich.

Die Vorschriften über die förmliche Bürgerbeteiligung (§ 3 II BauGB) wurden eingehalten.

Der Beschluss des Bebauungsplans wurde auch gem. § 10 III 1 BauGB ordnungsgemäß ortsüblich bekannt gemacht.

3. Abschluss des Durchführungsvertrages

Vor dem Beschluss über den Bebauungsplan i. S. d. § 10 I BauGB muss gem. § 12 I 1 BauGB ein Durchführungs- vertrag zwischen dem Vorhabenträger und der satzungs- gebenden Gemeinde geschlossen werden. Dieser Durch- führungsvertrag ist nicht Bestandteil des vorhabenbezo- genen Bebauungsplans, sondern steht (inhaltlich abhängig) selbstständig daneben.

Hinweis: Der Vorhaben- und Erschließungsplan hingegen wird gem. § 12 III 1 BauGB Bestandteil des vorhabenbezogenen Be- bauungsplans.

Gem. § 57 VwVfG bedarf der Vertrag der Schriftform. Wenn, wie im vorliegenden Fall, in dem Durchführungsvertrag auch zusätzlich noch die Übertragung des Eigentums an Grund- stücken geregelt ist, bedarf dieser Vertrag gem. § 311 b I 1 BGB i. V. m. § 62 VwVfG der notariellen Beurkundung. Auch dies ist vorliegend gewahrt.

Die notarielle Beurkundung des Vertragsschlusses fand vor dem Satzungsbeschluss nach § 10 I BauGB statt, so dass auch § 12 I 1 a. E. gewahrt ist.

4. Zwischenergebnis

Der vorhabenbezogene Bebauungsplan ist formell recht- mäßig.

II. Materielle Rechtmäßigkeit der Satzung

1. Verhältnis des vorhabenbezogenen Bebauungsplans zum vorhandenen Bebauungsplan

Der Erlass des vorhabenbezogenen Bebauungsplans wirkt wie eine Änderung des vorhandenen Bebauungsplans. Durch diese Änderung werden die Darstellungen und Festsetzungen des bisher vorhandenen Bebauungsplans unmittelbar verändert. Der vorhabenbezogene Bebauungsplan verschmilzt mit dem ursprünglichen Plan zu einer rechtlichen Einheit; die beiden in ihrem Entstehungsvorgang zeitlich getrennten Pläne bilden nun einen einheitlichen Bebauungsplan.

Für den vorliegenden Fall bedeutet dies, dass der vorhabenbezogene Bebauungsplan nicht am vorhandenen Bebauungsplan für das Gewerbegebiet (GE) gem. § 8 BauNVO gemessen werden kann.

2. Statthaftigkeit des vorhabenbezogenen Bebauungsplans

Die Entscheidung darüber, wann die gemeindliche Bauleitplanung mittels eines vorhabenbezogenen Bebauungsplans erfolgen darf, ist der planerischen Entschließungsfreiheit der Gemeinde überlassen. Fehlergründe sind insoweit nicht ersichtlich.

3. Verstoß gegen das Gebot der nachhaltigen städtebaulichen Entwicklung

Der vorhabenbezogene Bebauungsplan könnte gegen das Gebot der nachhaltigen städtebaulichen Entwicklung aus § 1 V 1 BauGB verstoßen. Das unmittelbare Nebeneinander von Gewerbebetrieben mit entsprechenden Emissionen einerseits und einer besonders ruhebedürftigen Seniorenwohnanlage andererseits könnte dem von der Rechtsprechung entwickelten Trennungsgebot von einander unverträglichen Nutzungen widersprechen.

Dieser Grundsatz gilt allerdings nicht uneingeschränkt, was sich allein schon daraus ergibt, dass das Planungsrecht nicht von vornherein bestimmten Belangen einen Vorrang einräumt. Eine Einschränkung ergibt sich vor allem aus den unterschiedlichen Anforderungen an eine situationsbestimmte Planung bei der Neuansiedlung, z. B. bei der Neuansiedlung eines Wohngebietes neben einem vorhandenen Betrieb[14]. Zur Lösung solcher Nutzungskonflikte ist eine situationsbestimmende Abwägung (vgl. auch § 1 VII BauGB) als Ausformung des Gebots der Rücksichtnahme notwendig. Das Gebot der Rücksichtnahme gestattet dabei differenzierende planerische Lösungen.

Für die von L geplante Seniorenwohnanlage würde die Anwendung des Gebots der Rücksichtnahme bedeuten, dass diese für sich nicht einen uneingeschränkten Schutz der Wohnnutzung beanspruchen könnte, wenn dies eine Einschränkung des Schlossereibetriebs des N nach sich zöge. Aufgrund der Situationsbestimmtheit (Vorbelastung) müsste vielmehr die Seniorenwohnanlage ein erhöhtes Maß an Beeinträchtigung durch die Umgebung mit Gewerbebetrieben hinnehmen, z. B. höhere Lärmimmissionswerte.

Allerdings erscheint vorliegend selbst unter dem Gesichtspunkt des Gebotes der gegenseitigen Rücksichtnahme das unmittelbare Nebeneinander des früher angesiedelten rechtmäßigen Schlossereibetriebes und der nunmehr später hinzukommenden Seniorenwohnanlage als nicht mehr verträglich. Selbst wenn man der Seniorenwohnanlage nur einen verminderten Schutz vor Immissionen aufgrund der Situationsbedingtheit zusprechen wollte, ist nicht auszuschließen, dass dies zu Betriebsbeeinträchtigungen für die Schlosserei führen würde.

---

[14] Vgl. BVerwG, ZfBR 1980, 146, 147.

Andererseits erscheint es im Hinblick auf die Eigenart der Seniorenwohnanlage unvertretbar, ihr jeglichen Schutz aufgrund der Wohnnutzung zu versagen.

Der vorhabenbezogene Bebauungsplan verstößt mithin gegen das Gebot der nachhaltigen städtebaulichen Entwicklung und das daraus abgeleitete Trennungsgebot unvereinbarer Nutzungen.

4. Verstoß gegen das Entwicklungsgebot aus dem Flächennutzungsplan

Ferner ist offenkundig, dass die Satzung gegen das Gebot der Entwicklung aus dem Flächennutzungsplan gem. § 8 II 1 BauGB verstößt. Bei Aufstellung eines verbindlichen Bauleitplans scheidet die Planung einer reinen Wohnnutzung aus, wenn im Flächennutzungsplan am festgelegten Ort eine gewerbliche Baufläche vorgesehen ist.

5. Verstoß gegen das Abwägungsgebot

Bei der Aufstellung über die Satzung sind gem. § 1 VII BauGB die öffentlichen und privaten Belange gegeneinander und untereinander gerecht abzuwägen. Das Abwägungsgebot gilt sowohl in seinen ergebnisbezogenen wie auch in seinen verfahrensbezogenen Elementen.

Das Abwägungsgebot richtet sich auch an den vorhabenbezogenen Bebauungsplan. Hieraus ergibt sich, dass die hoheitlichen Aufgaben der Gemeinde von der – im Vergleich zur Bauleitplanung – weiterreichenden Einbeziehung von Investoren unberührt bleiben. Der Gemeinde obliegt daher insbesondere die Verantwortung dafür, dass der Inhalt der Satzung den materiell-städtebaulichen Anforderungen entspricht, die auch an einen sonstigen Bebauungsplan zu stellen wären.

Die Satzung erscheint in mehrfacher Hinsicht abwägungsfehlerhaft:

a) Zweifelhaft ist, ob die Stadt S ausreichend bedacht hat, dass aufgrund der unmittelbaren Nähe zu einer emittierenden Gewerbenutzung die allgemeinen Anforderungen an gesunde Wohnverhältnisse i. S. d. § 1 VI Nr. 1 BauGB zu berücksichtigen sind (Abwägungsdefizit).

b) Außerdem entsteht der Eindruck, dass die Möglichkeit eines besonders preisgünstigen Verkaufs unverhältnismäßig stark berücksichtigt wurde (Abwägungsfehleinschätzung).

c) Auch erscheint fraglich, ob die Belange der Wirtschaft, insbesondere des benachbarten Schlossereibetriebes des N als abwägungserheblicher Belang i. S. d. § 1 VI Nr. 8 a BauGB erkannt wurden (Abwägungsdefizit).

d) Schließlich erscheint auch problematisch, dass die Stadt S die Investitionsabsichten des L dazu nutzte, Planungs- und Erschließungskosten für eigene städtische Vorhaben durch diesen mitfinanzieren zu lassen.

6. Unbeachtlichkeit materieller Fehler

Allerdings könnten die vorstehenden Mängel unbeachtlich sein.

Gem. § 214 III 2, 2. HS BauGB sind Mängel im Abwägungsvorgang nur erheblich, wenn sie offensichtlich und auf das Abwägungsergebnis von Einfluss gewesen sind. Die oben aufgeworfenen Abwägungsfehler waren nicht offensichtlich. Bei der Bewertung dieser Fehler spielt eine Rolle, dass N im Rahmen der an ihn gerichteten Aufforderung zur Stellungnahme nicht die Gelegenheit genutzt hat, Einwendungen vorzubringen.

54

In einem solchen Fall neigt die Rechtsprechung dazu, dem erst nachträglich geltend gemachten Abwägungsbelang seine rechtliche Bedeutung abzusprechen, da sich dieser Belang der Gemeinde ohne Einwendung durch den Bürger nicht habe aufdrängen müssen[15].

Der Verstoß gegen das Gebot der nachhaltigen städtebaulichen Entwicklung aus § 1 V 1 BauGB kann über diesen Weg jedoch nicht als unbeachtlich eingestuft werden. Auch wenn das Trennungsgebot in seiner konkreten Anwendung wiederum nur eine Abwägung erfordert, war hier ein Verstoß gegen das Trennungsgebot derart schwerwiegend, dass ein Fehler auch ohne Hinweis bzw. Einwendung eines Bürgers offenkundig für die Stadt S sein musste.

Auch der festgestellte Verstoß gegen das Entwicklungsgebot aus dem Flächennutzungsplan ist als beachtlich einzustufen. Insbesondere § 214 II Nr. 2 BauGB ist nicht einschlägig.

III. Ergebnis

Der vorhabenbezogene Bebauungsplan ist wegen des Verstoßes gegen das Gebot der nachhaltigen städtebaulichen Entwicklung und gegen das Entwicklungsgebot materiell rechtswidrig und damit nichtig.

Hinweis: Da nach Rücksprache mit der Stadt S diese eine Behebung der Mängel in Erwägung zieht, wäre noch eine Prüfung des § 214 IV BauGB angezeigt. Dieser Hinweis im Sachverhalt zieht die Anwendung der Norm über ein ergänzendes Verfahren nach sich.

---

[15] Vgl. für das Nichtvorbringen von Bedenken und Anregungen gem. § 3 II 4 BauGB BVerwGE 59, 87, 103; BVerwG, BauR 1986, 59.

Fall 7: Hopfen und Malz...

▸**Standort:** Bauplanungsrecht, bauplanungsrechtliche Zulässigkeit eines Vorhabens: Zulässigkeit nach § 35 BauGB

Am Rande des Teutoburger Waldes betreibt Franz von Schönleben (F), Spross eines verarmten Landadels, in der Altstadt des Städtchens Schönhausen (S) seine Gaststätte „Zum dollen Franz". Vor etlichen Jahren hatte F von seiner Großtante ein am sog. „Hexenbach" gelegenes Grundstück geerbt. Da F äußerst geschäftstüchtig ist und ihm die Gewinne, die er mit seiner Gaststätte erzielt, nicht mehr genügten, errichtete er auf dem äußerst idyllisch gelegenen Grundstück ein kleines Gebäude, das er im Sommer zum Ausschank von Getränken für Spaziergänger nutzt. Dieses Gebäude ist das letzte des im Zusammenhang bebauten Ortsteils Hexenhausen. Da dieses Geschäft immer mehr „boomt", erwarb F das benachbarte noch unbebaute Grundstück, um hierauf einen Biergarten mit dem Namen „Hexenkessel" zu errichten, damit so dem Bedarf entsprochen werden kann. F beabsichtigt, eine größtmögliche Vielfalt an Biersorten, vor allem exotische Biersorten aus dem Ausland, exklusive Biersorten aus Privatbrauereien und selbst kreierte Biermixgetränke wie „Franz's Megaknaller" anzubieten, um das Geschäft anzukurbeln und ein breitgefächertes Publikum anzuziehen. In dem Biergarten sollen etwa 600 Gäste Platz finden können. F beabsichtigt, auf dem gesamten Grundstück einen Boden aus Holzbohlen zu verlegen, auf dem die Tische und Stühle aufgestellt werden können. Um aus Kostengründen die Errichtung eines weiteren Gebäudes zu vermeiden, soll der Ausschank aus dem bereits vorhandenen Gebäude auf dem Nachbargrundstück erfolgen. Das für den Biergarten vorgesehene Grundstück liegt im Geltungsbereich eines Bebauungsplans, der jedoch keine Festsetzungen über die Art der baulichen Nutzung enthält. Da zu erwarten ist, dass von dem Biergarten erhebliche Ruhestörungen für die 300 m entfernt wohnenden Bürger ausgehen werden, erkundigt F sich, bevor er die Erteilung einer Baugenehmigung beantragt, bei seinem Vetter Wolfram von Schönleben (W), einem Rechtsanwalt, nach der bauplanungsrechtlichen Zulässigkeit des Vorhabens. F ist der Auffassung, dass der Biergarten wegen des mit seinem Betrieb verbundenen Geräuschpegels notwendigerweise außerhalb der Wohnbebauung angelegt werden müsse. Im Übrigen komme sein Vorhaben den Bürgern Hexenhausens zugute, weshalb es bauplanungsrechtlich zulässig sei. Zu welchem Ergebnis wird W gelangen?

I. Anwendbarkeit der §§ 29 ff. BauGB (+)
II. Vereinbarkeit mit § 30 BauGB: Heranziehung der §§ 34 und 35 BauGB nach § 30 III BauGB
III. Vereinbarkeit mit § 34 BauGB (-), da im Außenbereich
IV. Vereinbarkeit mit § 35 BauGB (-)
  1. Zulässigkeit als privilegiertes Vorhaben nach § 35 I BauGB (-)
  2. Zulässigkeit als „sonstiges Vorhaben" nach § 35 II BauGB (-)
V. Ergebnis

Das Vorhaben müsste, um in bauplanungsrechtlicher Hinsicht zulässig zu sein, den bauplanungsrechtlichen Vorgaben der §§ 29 ff. BauGB entsprechen.

I. Anwendbarkeit der §§ 29 ff. BauGB

Fraglich ist jedoch zunächst, ob die §§ 29 ff. BauGB insoweit überhaupt **anwendbar** sind. Dann müsste es sich bei dem Vorhaben des F um die Errichtung, Änderung oder Nutzungsänderung einer **baulichen Anlage** i. S. d. § 29 I (lesen!) BauGB handeln. Der bauplanungsrechtliche Begriff der baulichen Anlage wird im BauGB nicht näher definiert, ist aber nach h. M. nicht mit dem bauordnungsrechtlichen Anlagenbegriff identisch. Während das Bauordnungsrecht vor allem auf Gesichtspunkte der Gefahrenabwehr abstellt, hängt der bauplanungsrechtliche Anlagenbegriff von der städtebaulichen Relevanz des Vorhabens ab. Entscheidend ist hier, ob das Vorhaben die in § 1 VII BauGB genannten Belange in einer Weise berühren kann, die geeignet ist, das

Bedürfnis nach einer seine Zulässigkeit regelnden verbindlichen Bauleitplanung hervorzurufen. Dies ist bei der Errichtung eines Biergartens für 600 Gäste zu bejahen. Es ist deutlich, dass hier ein Erfordernis der Abstimmung u. a. mit den Belangen der – wenn auch 300 m entfernt wohnenden – Nachbarn besteht.

Hinweis: § 29 BauGB erweitert daher den bauordnungsrechtlichen Begriff der baulichen Anlage und erfasst z. B. auch Werbeanlagen und Automaten *(BVerwG DVBl 1993, 439, 440)*.

II. Vereinbarkeit mit § 30 BauGB

Das Vorhaben des F befindet sich laut Sachverhalt im Geltungsbereich eines Bebauungsplans. Im qualifizierten Bebauungsplangebiet (§ 30 I BauGB; lesen!) darf das Vorhaben den Festsetzungen des Bebauungsplans nicht widersprechen, insbesondere bezüglich Art und Maß der baulichen Nutzung und der überbaubaren Grundstücksfläche. Da der Bebauungsplan hier jedoch keine Festsetzungen über die Art der baulichen Nutzung enthält, handelt es sich nicht um einen sog. qualifizierten Bebauungsplan, innerhalb dessen Geltungsbereichs sich die Zulässigkeit eines Vorhabens ausschließlich nach § 30 I BauGB richtet. Vielmehr liegt ein *einfacher Bebauungsplan* vor, bei dem sich die Zulässigkeit des Vorhabens nach § 30 III BauGB (lesen!) *„im Übrigen"* nach § 34 bzw. § 35 BauGB richtet. Der einfache Bebauungsplan wird damit – soweit er keine Regelungen enthält – durch § 34 und § 35 BauGB ergänzt. Hier lässt sich dem Sachverhalt nicht entnehmen, welche Vorgaben der Bebauungsplan z. B. über das Maß der baulichen Nutzung (vgl. §§ 16 ff. BauNVO), die Bauweise (vgl. § 22 BauNVO) oder die überbaubare Grundstücksfläche enthält (vgl. § 23 BauNVO). Es kann daher davon ausgegangen werden, dass das Vorhaben den Vorgaben des Bebauungsplans entspricht. Da dieser jedoch keine Vorschriften über die Art der baulichen Nutzung enthält, sind insoweit nach § 30 III BauGB die Regelungen der §§ 34 und 35 BauGB ergänzend heranzuziehen.

III. Vereinbarkeit mit § 34 BauGB

Es ist daher zu prüfen, ob sich die bauplanungsrechtliche Zulässigkeit des Vorhabens nach § 34 BauGB richtet. Dann müsste sich das Grundstück des F innerhalb eines im Zusammenhang bebauten Ortsteils befinden. Das fragliche Grundstück grenzt hier unmittelbar an ein Grundstück an, auf dem ein Gebäude steht, das das letzte eines im Zusammenhang bebauten Ortsteils ist. Ein Ortsteil ist „im Zusammenhang bebaut", soweit eine tatsächlich aufeinanderfolgende Bebauung vorhanden ist. Baulücken sind so lange unerheblich, soweit der Eindruck der Geschlossenheit und Zusammengehörigkeit erhalten bleibt. Grundsätzlich endet der Innenbereich unabhängig vom Verlauf der Grundstücksgrenzen unmittelbar hinter dem letzten Haus des im Zusammenhang bebauten Ortsteils. Eine Fläche, die unmittelbar an das letzte vorhandene Gebäude des Innenbereichs anschließt, zählt damit bereits zum Außenbereich. So ist die Sachlage auch hier: das Grundstück, auf dem F den Biergarten errichten will, grenzt unmittelbar an das letzte im Zusammenhang bebaute Grundstück an und gehört damit bereits zum Außenbereich. Die Zulässigkeit des Vorhabens richtet sich mithin allein nach § 35 BauGB.

IV. Vereinbarkeit mit § 35 BauGB

Fraglich ist damit, ob das Vorhaben mit § 35 BauGB vereinbar ist. Insoweit ist von Bedeutung, ob es sich bei diesem um ein nach § 35 I BauGB sog. **privilegiertes Vorhaben** handelt, das schon dann zulässig ist, wenn ihm öffentliche Belange nach § 35 III BauGB nicht entgegenstehen, oder um ein „sonstiges Vorhaben" i. S. d. § 35 II BauGB, das schon dann unzulässig ist, wenn es öffentliche Belange i. S. d. § 35 BauGB beeinträchtigt.

1. Zulässigkeit als privilegiertes Vorhaben nach § 35 I BauGB

In Betracht kommt hier allenfalls eine Privilegierung nach § 35 I Nr. 4 BauGB. Diese Privilegierung hat eine Auffangfunktion und erfasst alle Vorhaben, die wegen ihrer besonderen Anforderungen an die Umgebung, wegen ihrer nachteiligen Wirkung auf die Umgebung oder wegen ihrer besonderen Zweckbestimmung nur im Außenbereich ausgeführt werden „sollen". Erforderlich ist, dass das Vorhaben *notwendigerweise* im Außenbereich auszuführen ist. F meint insoweit, dass das Vorhaben wegen des mit dem Betrieb des Biergartens notwendigerweise verbundenen Geräuschpegels zwangsläufig im Außenbereich angesiedelt werden müsse.

§ 35 I Nr. 4 BauGB ist jedoch eng auszulegen, da andernfalls § 35 BauGB seiner Funktion der größtmöglichen Schonung des Außenbereichs vor Bebauung nicht gerecht werden kann. Das Vorhaben muss daher in der konkreten Situation der jeweiligen Gemeinde im Außenbereich „erforderlich" und nicht nur zweckmäßig oder sinnvoll sein. Schließlich muss das Vorhaben im Außenbereich errichtet werden „sollen", d. h. es muss aufgrund einer wertenden Betrachtungsweise in einer Weise billigenswert sein, die es rechtfertigt, das Vorhaben bevorzugt im Außenbereich zuzulassen.

Nach diesen Grundsätzen sind Gaststätten i. d. R. keine privilegierten Vorhaben, es sei denn, es tritt – wie z. B. bei Berghütten – der Gesichtspunkt einer für die Allgemeinheit notwendigen Versorgung in den Vordergrund. Dies ist hier jedoch erkennbar nicht gegeben, so dass der Biergarten kein nach § 35 I BauGB privilegiertes Vorhaben ist.

2. Zulässigkeit als „sonstiges Vorhaben" nach § 35 II BauGB

Das Vorhaben könnte dementsprechend nur nach § 35 II BauGB zulässig sein. Insoweit geht die Rechtsprechung davon aus, dass - entgegen seinem Wortlaut - § 35 II BauGB der Behörde kein Ermessen einräumt, auch ein „sonstiges Vorhaben" im Außenbereich also genehmigt werden muss, wenn es keine öffentlichen Belange beeinträchtigt. Begründet wird dies vor allem damit, dass die Baufreiheit Bestandteil des nach Art. 14 GG geschützten Eigentums sei und damit allein dem Gesetzgeber vorbehalten sei, den Inhalt des Eigentums zu bestimmen[16]. Dies ist nicht unbestritten[17], kann hier jedoch dahingestellt bleiben, wenn das Vorhaben öffentliche Belange beeinträchtigt, da dann die Voraussetzungen des § 35 II BauGB schon tatbestandlich nicht gegeben sind. Wann öffentliche Belange beeinträchtigt sind, führt § 35 III BauGB in nicht abschließenden „Regelbeispielen" auf:

- Hier geht F selbst davon aus, dass durch das Vorhaben schädliche Umwelteinwirkungen durch Geräuschbelästigungen (vgl. § 3 BImSchG) hervorgerufen werden, so dass hier bereits § 35 III Nr. 3 BauGB (schädliche Umwelteinwirkungen) eingreift.

  Anmerkung: Sofern schädliche Umwelteinwirkungen dennoch verneint werden, wäre wohl an den ungeschriebenen Belang des Gebots der nachbarlichen Rücksichtnahme zu denken (die Aufzählung in § 35 III BauGB ist nicht abschließend!).

- Darüber hinaus ist anzunehmen, dass durch die Anlage die natürliche Eigenart der – als besonders friedlich geschilderten – Landschaft und damit auch

---

[16] Vgl. BVerwGE 18, 247, 249 ff.
[17] Vgl. z. B. Ortloff, NVwZ 1988, 320 ff.

ihr Erholungswert beeinträchtigt wird, so dass auch § 35 III Nr. 5 BauGB (Belange des Naturschutzes und der Landschaftspflege, des Boden- und Denk- malschutzes oder Beeinträchtigung der natürlichen Eigenart der Landschaft) eingreifen kann.

- Ob das Vorhaben durch eine unerwünschte Vorbild- wirkung die Entstehung einer Splittersiedlung be- fürchten lässt (§ 35 III Nr. 7 BauGB), kann ohne nähere Angaben im Sachverhalt nicht abschließend beantwortet werden, ist aber letztlich nicht ausge- schlossen.

Damit steht fest, dass das Vorhaben des F in zumindest zweierlei Hinsicht öffentliche Belange beeinträchtigt. Es ist mithin auch nicht nach § 35 II BauGB genehmigungsfähig.

V. Ergebnis

Das von F geplante Vorhaben widerspricht § 35 BauGB und ist somit in bauplanungsrechtlicher Hinsicht unzulässig.

Fall 8: Eine Waldschänke im Bauernhaus

▸ **Standort:** Bauplanungsrecht; bauplanungsrechtliche Zulässigkeit eines Vorhabens; Zulässigkeit des Vorhabens nach § 35 BauGB; Bestandsschutz nach Art. 14 I GG

Nachdem Franz von Schönleben (F) von seinem Vetter Wolfram von Schönleben (W) erfahren hat, dass der geplante Biergarten dem Bauplanungsrecht widerspricht (siehe Fall 7), ist er am Boden zerstört, hatte er sich den Betrieb des „Hexenkessels" doch schon in den schönsten Farben ausgemalt. Da er sich jedoch nicht von der Idee abbringen lassen will, eine idyllisch gelegene Gastwirtschaft zu eröffnen, grübelt er, ob nicht ein alternativer Standort in Frage kommt.

W, der stets an einem „schnellen Euro" interessiert ist, schlägt ihm vor, doch eine Waldschänke in dem Bauernhaus auf dem ehemaligen Hof seiner Eltern zu errichten, der seit deren Tod im Jahre 2003 leer stehe; er könne ihm das Gebäude ja zu einem günstigen monatlichen Pachtzins verpachten. Das Bauernhaus sei gut in Schuss, doch sei er auch bereit, die erforderlichen Umbau- und Renovierungskosten zu übernehmen. Als Gegenleistung könne F ihn ja dann in „angemessenem Umfang" am Gewinn beteiligen.

W versichert F außerdem, dass es in diesem Fall keine bauplanungsrechtlichen Probleme gebe. Zwar liege auch dieses Grundstück im Außenbereich, doch würde sich ja überhaupt nichts ändern, da das Haus bereits errichtet ist und keine äußerlichen Veränderungen daran vorgenommen werden. F ist begeistert von der Idee des W und pachtet im Oktober 2019 die gesamte Anlage und W nimmt umgehend auf seine Kosten die von F gewünschten Änderungen vor. Nachdem im Januar 2020 die Gaststätte „Zum dollen Hirschen" feierlich eröffnet worden war, erhält F nach vorheriger Anhörung von der zuständigen Baubehörde eine Verfügung, in der ihm die Fortführung des Gaststättenbetriebs untersagt wird.

Zur Begründung verweist die Behörde darauf, dass eine Gaststätte im Außenbereich einen Fremdkörper darstelle und insbesondere wegen des unmittelbar angrenzenden Landschaftsschutzgebietes unzulässig sei; damit sei sie insgesamt in bauplanungsrechtlicher Hinsicht unzulässig. Hat die Behörde mit ihrer Auffassung Recht?

I. Privilegierung nach § 35 I BauGB (-)
II. Zulassung sonstiger Vorhaben nach § 35 II BauGB (-)
1. Beeinträchtigung öffentlicher Belange nach § 35 III BauGB (+)
2. Erweiterter Bestandsschutz nach § 35 IV BauGB (-)
   a) Umnutzung nach § 35 IV 1 Nr. 1 BauGB (+)
   b) Ausschluss bei im Übrigen nicht außenbereichsverträglichen
      Vorhaben nach § 35 IV BauGB (+)
3. Bestandsschutz nach Art. 14 I GG (-)

Ob die Einrichtung der Gaststätte in bauplanungsrechtlicher Hinsicht zulässig ist, richtet sich nach § 35 BauGB, da sich das Anwesen im Außenbereich befindet.

I. Privilegierung nach § 35 I BauGB

§ 35 I BauGB **privilegiert** bestimmte Vorhaben, die im Außenbereich zulässig sind, wenn

- **öffentliche Belange nicht entgegenstehen** und
- **eine ausreichende Erschließung gesichert** ist.

In Betracht käme hier lediglich eine Privilegierung nach § 35 I Nr. 1 BauGB (Vorhaben, die einem land- oder forstwirtschaftlichen Betrieb dienen). Eine solche Privilegierung bestand, als der Hof noch bewirtschaftet wurde, doch kam es durch die Einstellung des landwirtschaftlichen Betriebes zu einer Entprivilegierung. § 35 I Nr. 1 BauGB greift daher nicht ein.

64

II. Zulassung „sonstiger Vorhaben" nach § 35 II BauGB

Da es an einer Privilegierung fehlt, ist das Vorhaben nach § 35 II BauGB zu beurteilen. Danach können im Einzelfall **sonstige Vorhaben** zugelassen werden, wenn

- ihre Ausführung oder Benutzung **öffentliche Belange nicht beeinträchtigt** und
- die **Erschließung gesichert** ist.

Anmerkung: Zur Unterscheidung zwischen § 35 I und II BauGB: **Privilegierte** Vorhaben sind nach § 35 I nur **ausnahmsweise unzulässig**, wenn öffentliche Belange entgegenstehen. **Sonstige Vorhaben** sind dagegen im Außenbereich **grundsätzlich unzulässig**, es sei denn, öffentliche Belange werden ausnahmsweise nicht beeinträchtigt (§ 35 II BauGB), wodurch die „Reaktionsschwelle" gegenüber Abs. 1 abgesenkt wird. Ein weiterer Unterschied besteht bezüglich der **Erschließung**. Während § 35 I BauGB nur voraussetzt, dass eine „ausreichende" Erschließung gesichert ist, muss bei sonstigen Vorhaben die Erschließung gesichert sein.

1. Beeinträchtigung öffentlicher Belange nach § 35 III BauGB

Eine Beeinträchtigung öffentlicher Belange liegt insbesondere in den Fällen des § 35 III BauGB (**Beachte:** die Auflistung ist nicht abschließend!) vor.

Im vorliegenden Fall könnte die Errichtung der Gaststätte zur Folge haben, dass andere Gastronomen es dem F gleichtun und es dadurch zu einer Zersiedlung der Landschaft kommt (§ 35 III Nr. 7 BauGB). Eine solche Gefahr ist jedoch nach dem Sachverhalt nicht feststellbar.

Die Einrichtung einer Gaststätte im Außenbereich beeinträchtigt hingegen die **natürliche Eigenart der Landschaft**. Aufgrund seiner Lage unmittelbar am Landschaftsschutzgebiet stehen auch die Belange des **Naturschutzes und der Landschaftspflege** entgegen.

Aus diesem Grund werden durch das Vorhaben öffentliche Belange i. S. d. § 35 III 1 Nr. 5 BauGB beeinträchtigt, so dass die Errichtung der Gaststätte in bauplanungsrechtlicher Hinsicht unzulässig ist.

2. Erweiterter Bestandsschutz nach § 35 IV BauGB

Gewisse öffentliche Belange können jedoch durch den sog. **erweiterten Bestandsschutz** gem. § 35 IV BauGB überwunden werden *(sog. teilprivilegierte Vorhaben)*. Dies gilt für bestimmte Nutzungsänderungen (§ 35 IV 1 Nr. 1 und 4), Ersatzbauten (Nr. 2 und 3) und für bestandserweiternde Maßnahmen (Nr. 5 und 6).

a) Umnutzung nach § 35 IV 1 Nr. 1 BauGB

Hier kommt eine **Umnutzung** nach § 35 IV 1 Nr. 1 BauGB in Betracht. Das Vorhaben dient einer zweckmäßigen Verwendung erhaltenswerter Bausubstanz, die äußere Gestalt des Gebäudes bleibt im Wesentlichen erhalten. Die Sieben-Jahres-Frist des § 35 IV 1 Nr. 1 c) BauGB ist gewahrt.

b) Ausschluss bei im Übrigen nicht außenbereichs verträglichen Vorhaben nach § 35 IV BauGB

Allerdings überwindet § 35 IV BauGB nur bestimmte öffentliche Belange, und zwar hier die Beeinträchtigung der natürlichen Eigenart der Landschaft. Werden andere öffentliche Belange beeinträchtigt – wie hier die des Naturschutzes und der Landschaftspflege – so ist eine Zulassung des Vorhabens auch nach § 35 IV BauGB ausgeschlossen. Insoweit ist die Regelung abschließend. Das Vorhaben des F ist daher auch unter Berücksichtigung des § 35 IV BauGB unzulässig.

3. Bestandsschutz nach Art. 14 I GG

Schließlich könnte sich bei einem Verstoß des Vorhabens gegen einfach-gesetzliche Vorschriften gleichwohl eine Zulässigkeit unter dem Gesichtspunkt des **Bestandsschutzes** nach Art. 14 GG ergeben. Das Wesen des Bestandsschutzes liegt darin, dass eine einmal rechtmäßige Nutzung auch für die Zukunft eigentumskräftig geschützt ist. Der Bestandsschutz gewährleistet das Recht, „dass ein seinerzeit im Einklang mit dem damals geltenden Baurecht errichtetes Bauwerk weiterhin so unterhalten und genutzt wird, wie es seinerzeit errichtet wurde, auch wenn es nach dem inzwischen zur Geltung gelangten Baurecht nicht mehr zulässig wäre"[18]. Darüber hinaus ist anerkannt, dass der Bestandsschutz nicht nur die vorhandene Substanz schützt, sondern auch gewisse Nutzungsänderungen bezüglich des vorhandenen Bestandes rechtfertigt, soweit diese nicht zu einer qualitativ oder quantitativ wesentlichen Änderung führen.

Der allgemeine Bestandsschutz aus Art. 14 I GG ist jedoch dann nicht mehr anwendbar, wenn eine abweichende gesetzliche Regelung vorhanden ist, die als Einschränkung i. S. d. Art 14 I 2 GG anzusehen ist. Stellt die gesetzliche Regelung eine wirksame, insbesondere verhältnismäßige Regelung des Inhalts und der Schranken des Eigentums dar, so schließt dies weitergehende Ansprüche nach Art. 14 I 1 GG aus. Die Rechtsprechung hat eine solche Ausschlusswirkung im Planungsrecht insbesondere für die Fälle des § 35 IV BauGB und im Ordnungsrecht bei Abstandsregelungen bejaht[19].

§ 35 IV BauGB konkretisiert den Bestandsschutz im Außenbereich abschließend. Für weitergehende Rechte unmittelbar aus Art. 14 I GG besteht daneben kein Raum. Die entgegenstehenden öffentlichen Belange des Naturschutzes und der Landschaftspflege können auch durch den Bestandsschutz nicht überwunden werden. Das Vorhaben des F ist als sonstiges Vorhaben nach § 35 II BauGB nicht zulässig. Die Behörde hat also Recht.

---

[18] BVerwGE 47, 126, 128.
[19] Vgl. BVerwG, DVBl 1991, 819; NVwZ 1991, 1076 / 1078; NVwZ 1990, 755.

Fall 9: K's Auto-Schmiede

▸ **Standort:** Bauplanungsrecht, bauplanungsrechtliche Zulässigkeit eines Vorhabens; § 4 BauNVO; Bestandsschutz

Im Jahre 1978 übernahm Kfz-Meister K von seinem Vater den im münsterländischen Dorf D gelegenen elterlichen KfZ-Reparaturbetrieb. Da K´s Vater lange Zeit nichts mehr in den Betrieb investiert hatte, war vor allem das Werkstattgebäude stark renovierungsbedürftig. Doch anstatt viel Geld in das marode Gebäude zu stecken, entschied K, auf einem im elterlichen Eigentum befindlichen Grundstück eine neue, größere Halle zu errichten, um so auf Dauer gegenüber den Betrieben aus den umliegenden Städten konkurrenzfähig zu sein.

Das Grundstück, auf dem K die „K's Auto-Schmiede" errichtete, lag inmitten eines nur mit Wohnhäusern bebauten, unbeplanten Gebietes; eine Baugenehmigung lag hierfür nicht vor. Im Januar 1980 wurde das Gebiet in einem Bebauungsplan als *„Mischgebiet"* ausgewiesen. Im Dezember desselben Jahres zeichnete sich ab, dass eine Fernstraßenverbindung fertig gestellt würde, die D für Touristen attraktiv machen könnte, die die idyllische Umgebung für Wanderungen und Radtouren nutzen könnten. Aus diesem Grund wurde der Bebauungsplan erneut geändert: der Gemeinderat setzte das Gebiet als *allgemeines Wohngebiet* fest, um eine Ansiedlung von Gewerbe zu vermeiden und D auf diese Weise als Fremdenverkehrsort zu etablieren.

Im Jahre 2020 fiel der Baugenehmigungsbehörde auf, dass die Anlage des K baurechtlich nicht genehmigt war. Wegen der Hoffnung auf einen weiteren Ausbau des Tourismus war der Betrieb des K auf einmal immer mehr Dorfbewohnern ein Dorn im Auge und plötzlich fühlten sich die Nachbarn durch den von der Werkstatt ausgehenden Lärm gestört. Die Bauaufsichtsbehörde prüft, ob der Betrieb des K in bauplanungsrechtlicher Hinsicht zulässig ist und erwägt, im Falle der bauplanungsrechtlichen Unzulässigkeit gegenüber K eine Nutzungsuntersagung auszusprechen. Zu welchem Ergebnis wird die Behörde gelangen?

I. Bauplanungsrechtliche Zulässigkeit des Vorhabens (-)
II. Bestandsschutz (+)
III. Ergebnis

Die Nutzung der Halle als Reparaturwerkstatt könnte im Widerspruch zu den bauplanungsrechtlichen Vorschriften stehen.

I. Bauplanungsrechtliche Zulässigkeit des Vorhabens

Der Bebauungsplan setzt das Gebiet als allgemeines Wohngebiet fest. Nach § 4 BauNVO ist eine Reparaturwerkstatt in einem allgemeinen Wohngebiet regelmäßig unzulässig.

Die Halle könnte jedoch ausnahmsweise als nicht störender Gewerbebetrieb genehmigungsfähig sein. Ob eine Reparaturwerkstatt als nicht störender Gewerbebetrieb qualifiziert werden kann, ist allerdings problematisch. Von Reparaturwerkstätten gehen typischerweise Geräusch- und Geruchsbelästigungen aus, die stören könnten. Trotzdem kann angenommen werden, dass eine Kfz-Werkstatt nicht in erheblichem Maße stört; immerhin sind nach § 4 III Nr. 5 BauNVO Tankstellen genehmigungsfähig, von denen Geräusch- und Geruchsemissionen ausgehen.

Gegen eine solche weite Auslegung ist jedoch der Wortlaut des § 4 BauNVO einzuwenden, der von „sonstigen" nicht störenden Gewerbebetrieben im Zusammenhang mit Beherbergungsbetrieben und Gartenbaubetrieben spricht. Beherbergungs- und Gartenbaubetriebe führen jedoch nicht zu Emissionen, wie sie von KfZ-Werkstätten ausgehen. Daher ist die von K betriebene Werkstatt im allgemeinen Wohngebiet auch nicht ausnahmsweise zulässig.

II. Bestandsschutz

Die Nutzung der Halle könnte jedoch vom **Bestandsschutz** erfasst sein. Der Bestandsschutz gewährt grundsätzlich die Möglichkeit zur Nutzung und zum Erhalt einer baulichen Anlage, auch dann, wenn sie nach nunmehr geltendem Recht nicht mehr errichtet werden dürfte.

Voraussetzung ist jedoch, dass die Anlage rechtmäßig errichtet worden ist oder jedenfalls zwischenzeitlich dem materiellen Baurecht entsprach. Die Halle war bei ihrer Errichtung - da sie ohne Baugenehmigung errichtet worden ist - zumindest *formell illegal*, angesichts der Bebauung in der Nachbarschaft vermutlich auch *materiell illegal*, weil sie gegen bauplanungsrechtliche Vorschriften (§ 34 BauGB) verstieß. Während des Jahres 1980 war die Halle jedoch bauplanungsrechtlich zulässig. Fraglich ist, ob dies ausreicht, um Bestandsschutz zu gewährleisten. Die Funktion des Bestandsschutzes ist es, eine Eigentumsposition zu erhalten, die rechtmäßig erworben wurde und zwar auch dann, wenn sich inzwischen die Rechtslage geändert hat.

Hier war die Halle während des Zeitraumes von einem Jahr materiell legal, so dass eine schutzwürdige Eigentumsposition hätte erreicht werden können. Zweifel bestehen insoweit, als K auch zu dieser Zeit keine Baugenehmigung beantragt hat. K hat jedoch im Jahre 1980 materiell eine Eigentumsposition erlangt, die auch bei einer Änderung der Rechtslage in ihrem Bestand geschützt ist. Die heutige Illegalität des Bauwerkes kann die Nutzungsuntersagung in diesem Fall daher nicht rechtfertigen (siehe zur Standard-Streitfrage, ob ansonsten für eine *Nutzungsuntersagung* die *formelle* Rechtswidrigkeit genügt S. 109).

III. Ergebnis

Trotz des Widerspruchs zu öffentlichen-rechtlichen Vorschriften darf die Behörde eine Nutzungsuntersagung nicht aussprechen, da die Reparaturwerkstatt Bestandsschutz genießt.

Fall 10: Ein Schreiner mit Herz

▸ **Standort:** Einstweiliger Rechtsschutz nach §§ 80, 80 a VwGO; Bauplanungsrecht; bauplanungsrechtliche Zulässigkeit eines Vorhabens

Der Schreiner S beabsichtigt, im Gewerbegebiet ein leer stehendes Gebäude in ein Wohnhaus umzuwandeln, das dauerhaft an eine Familie mit 6 minderjährigen Kindern, vermietet werden soll, damit diese ein Dach über dem Kopf hat. Außerdem bietet S dem Familienvater V eine unbefristete Stelle in seiner Schreinerei an, so dass die Familie ihren Lebensunterhalt sichergestellt hat. Da die Familie kein Auto besitzt, kann V seine Arbeitsstätte fußläufig erreichen.

Obwohl das Vorhaben des S rechtlich nicht zugelassen werden kann, erteilt die Gemeinde G die Baugenehmigung für sein Vorhaben, da man der Auffassung ist, dass man angesichts der Hilfe, die S für die Familie leistet, auch einmal „Fünfe grade" sein lassen muss; die Erteilung der Baugenehmigung wird dem Nachbarn N gegenüber nicht bekannt gegeben. Als N bemerkt, dass auf dem Nachbargrundstück Bautätigkeit stattfindet, fragt er einen der Bauarbeiter, was hier vorgehe. Dieser klärt ihn über seine künftige Nachbarschaft auf. N ist erbost darüber, dass hinter seinem Rücken mit dem Bau begonnen werden könne und erkundigt sich deshalb bei der unteren Bauaufsichtsbehörde, ob sie hiergegen nichts unternehmen wolle. Die untere Bauaufsichtsbehörde teilt ihm mit, dass S berechtigt sei zu bauen, auch in dem Fall, dass er Rechtsmittel ergreife.

Trotzdem erklärt N darauf hin zur Niederschrift bei der unteren Bauaufsichtsbehörde, dass er den Umbau auf dem Grundstück nicht dulden wolle – irgendwie müsse man ja wohl etwas dagegen unternehmen können. N eilt anschließend direkt zu seinem Rechtsanwalt R, damit dieser einschreitet, ehe vollendete Tatsachen geschaffen werden.

Allerdings will er nicht direkt gegen S vorgehen, da er einem solchen Vorhaben von vornherein keine Erfolgsaussichten beimisst. R prüft darauf hin die Erfolgsaussichten eines Antrags auf einstweiligen Rechtsschutz zum örtlich zuständigen VG und überlegt, ob die Baugenehmigung wirksam geworden ist. Da ihm nicht ganz klar ist, was er genau beantragen müsste, fertigt R zunächst einmal ein umfassendes Gutachten zu den aufgeworfenen Fragen an. Zu welchem Ergebnis wird R gelangen?

Hinweis: Die bauplanungsrechtliche Unzulässigkeit des Vorhabens ist zu unterstellen!

A. Zulässigkeit eines Antrags auf einstweiligen Rechtsschutz (+)
I. Eröffnung des Verwaltungsrechtswegs, § 40 I 1 VwGO (+)
II. Statthaftigkeit (+)
    Problem: Fehlende Bekanntmachung des VA's
III. Antragsbefugnis, § 42 II VwGO analog (+)
  1. § 80 a I, III VwGO
  2. Gebot der Rücksichtnahme
IV. Rechtsschutzbedürfnis (+)
  1. Notwendigkeit des Antrags nach § 80 IV VwGO
  2. Vorherige Einlegung des Rechtsbehelfs
V. Antragsgegner
VI. Ergebnis
B. Begründetheit eines Antrags auf einstweiligen Rechtsschutz
    vor dem VG (+)
C. Ergebnis

Rechtsanwalt R hat zu prüfen, ob ein Antrag auf einstweiligen Rechtsschutz zulässig und begründet ist.

A. Zulässigkeit eines Antrags auf einstweiligen Rechtsschutz vor dem VG

I. Eröffnung des Verwaltungsrechtswegs, § 40 I 1 VwGO

Zunächst müsste der Verwaltungsrechtsweg eröffnet sein, § 40 I 1 VwGO. Das ist der Fall, wenn eine öffentlich-rechtliche Streitigkeit vorliegt.

N will hier erreichen, dass S seine Bautätigkeit einstellt. Er möchte aber nicht gegen diesen persönlich vorgehen. In Betracht kommt daher nur ein Antrag nach Maßgabe des öffentlichen Baurechts. Die Streitigkeit hat daher öffentlich-rechtlichen Charakter.

II. Statthaftigkeit

Die Statthaftigkeit des Rechtsbehelfs richtet sich nach dem Rechtsschutzziel. N will hier den Eintritt vollendeter Tatsachen verhindern, so dass ein Antrag auf einstweiligen Rechtsschutz in Frage kommt.

Nach § 123 V VwGO richtet sich der einstweilige Rechtsschutz nach § 123 VwGO, es sei denn, es liegt ein Fall der §§ 80, 80 a VwGO vor. Dies ist wiederum dann der Fall, wenn die Hauptsacheklage eine Anfechtungsklage wäre. In der Hauptsache würde N die Aufhebung der dem S erteilten Baugenehmigung, einen VA i. S. d. § 35 S. 1 VwVfG, begehren. Statthafte Klageart wäre gemäß § 42 I VwGO die Anfechtungsklage.

1. Problem: Fehlende Bekanntmachung des VA's gegenüber N

Problematisch könnte in diesem Zusammenhang allerdings sein, dass die Baugenehmigung zwar dem Adressaten S, nicht aber dem von ihr betroffenen N bekannt gegeben worden ist. Gemäß § 43 I 1 VwVfG (lesen!) wird ein VA für den von ihm Betroffenen erst mit Bekanntgabe wirksam. Vorliegend ist die Baugenehmigung dem N gegenüber daher nicht wirksam geworden. Für die Statthaftigkeit der Anfechtungsklage ist dies jedoch unschädlich, denn für diese kommt es nur darauf an, ob ein VA existiert, d. h. zumindest einem Adressaten oder Betroffenen gegenüber bekannt gegeben wurde.

2. Ergebnis

Demnach wäre die Anfechtungsklage für N die richtige Klageart. Der einstweilige Rechtsschutz richtet sich vorliegend nach den §§ 80, 80 a VwGO. Da dem Widerspruch des N gemäß § 212 a BauGB (lesen!) (i. V. m. § 80 II 1 Nr. 3 VwGO) der *Suspensiveffekt* fehlt, handelt es sich um einen Antrag gem. § 80 a III 1, 80 a I Nr. 2 VwGO.

III. Antragsbefugnis, § 42 II VwGO analog

1. § 80 a I, III VwGO

§ 80 a I, III VwGO berechtigen einen „Dritten", gegen den einen anderen begünstigenden VA einstweiligen Rechtsschutz zu erwirken.

Anmerkung: Es ist zu beachten, dass die Formulierung des § 80 a VwGO uneinheitlich ist: in § 80 a I ist Dritter der durch den VA Belastete, in § 80 a II hingegen der durch den VA Begünstigte.

Das bedeutet jedoch nicht, dass jeder beliebige Dritte einen entsprechenden Antrag stellen könnte. Vielmehr setzt § 80 a VwGO einen grundsätzlich zulässigen Hauptsacherechtsbehelf des Dritten voraus. Vorliegen muss daher insbesondere auch dessen rechtliche Betroffenheit, wie § 42 II VwGO verlangt.

Allerdings könnte die fehlende Bekanntmachung des VA's gegenüber N dessen Antragsbefugnis gem. § 42 II VwGO analog entgegenstehen, da eine ihm gegenüber nicht wirksame Baugenehmigung ihn kaum in seinen Rechten verletzen kann. Diese Sicht der Dinge ist aber nur beim VA im Zwei-Personen-Verhältnis richtig, nicht hingegen beim VA mit Doppelwirkung (vgl. §§ 80 I 2, 80 a VwGO), der - wie im vorliegenden Fall - allein dem Adressaten bekannt gegeben wurde und diesem damit subjektive Rechte einräumt.

S durfte kraft der ihm erteilten Baugenehmigung mit dem Bauvorhaben beginnen. Kehrseite hiervon ist die Beeinträchtigung des N zumindest in Art. 14 GG. Im Übrigen kann nach ständiger Rechtsprechung des BVerwG[20] auch der Nachbar sein Widerspruchs-/ Klagerecht verwirken, dem die Baugenehmigung zwar nicht bekannt gegeben worden ist, der aber auf privatem Wege von ihr Kenntnis erlangt hat. Daraus folgt, dass ein solcher Nachbar auch Klage erheben können muss.

Somit ist zunächst festzuhalten, dass N auch dann durch die Baugenehmigung rechtlich betroffen sein kann, wenn diese ihm gegenüber mangels ausreichender Bekanntgabe nicht wirksam geworden ist.

2. Gebot der Rücksichtnahme

Die rechtliche Betroffenheit des N durch die Baugenehmigung des S könnte sich aus dem baurechtlichen **Gebot der Rücksichtnahme** ergeben.

Nach der Rechtsprechung des BVerwG[21] existiert allerdings kein isoliertes Rücksichtnahmegebot, etwa als allgemeingültiger Rechtssatz, der bei jeder Baugenehmigungsbeurteilung zu berücksichtigen wäre. Vielmehr ist das Gebot der Rücksichtnahme immer nur dann zu berücksichtigen, wenn es in der anzuwendenden Norm auch vom Gesetzgeber vorgesehen ist.

Das von S geplante Vorhaben soll im Gebiet eines Bebauungsplans erstellt werden. Damit bestimmt sich die Zulässigkeit des Vorhabens grundsätzlich nach der BauNVO. In diesem Falle enthält § 15 I 2 BauNVO einen Anhaltspunkt für die Anwendung des Rücksichtnahmegebotes, da es auf „Unzumutbarkeit" hinsichtlich anderer Vorhaben in der Umgebung ankommt.

---

[20] BVerwGE 44, 294 ff.
[21] BVerwG, DVBl 92, 564.

Ein grundsätzlich nach den §§ 2 - 14 BauNVO zulässiges Vorhaben kann somit im Einzelfall unzulässig werden. § 15 I 2 BauNVO ist sowohl in dem Fall, dass das Vorhaben des S im Gewerbegebiet grundsätzlich zulässig ist, zu beachten, aber auch für den Fall der grundsätzlichen Unvereinbarkeit des Vorhabens mit dem Bebauungsplan, da insoweit § 15 I 2 BauNVO unter Berücksichtigung der Interessenbewertung des § 31 II BauGB analoge Anwendung finden könnte.

N ist mithin antragsbefugt.

IV. Rechtsschutzbedürfnis

Fraglich ist jedoch, ob N nicht vor der Anrufung des Gerichts einen entsprechenden Antrag an die Bauaufsichtsbehörde auf Aussetzung der Vollziehung gemäß § 80 a I Nr. 2 VwGO richten müsste.

1. Notwendigkeit des Antrags nach § 80 IV VwGO

Nach § 80 IV VwGO ist der Antrag zwar fakultativ und damit nicht Voraussetzung für den Antrag nach § 80 V VwGO; die Notwendigkeit des Antrags könnte sich jedoch aus der Verweisung in § 80 a III 2 VwGO ergeben, die auch § 80 VI VwGO mit einbezieht.

Fälle des § 80 VI VwGO sind allerdings im Rahmen einer Drittanfechtung nach § 80 a I Nr. 2 VwGO kaum denkbar, da dieser auf die „Fälle des Abs. 2 Nr. 1" verweist und VAe, mit denen öffentliche Abgaben und Kosten angefordert werden, in aller Regel keine Belastung für Dritte darstellen dürften. Dies ist allerdings kein schlagendes Argument, da § 80 a III 2 VwGO nur auf § 80 V bis VIII „entsprechend" verweist.

Es erscheint jedoch fraglich, ob für die Fälle der Dritt-anfechtung eine solche entsprechende Anwendung des § 80 VI VwGO gewollt war. Dies würde nämlich eine Abkehr von der bisherigen Rechtsprechung bedeuten, wonach der

Antrag nach § 80 V VwGO sofort und ohne vorherigen Behördenantrag gestellt werden konnte.

§ 80 a VwGO zeigt in seinem Gesamtgefüge, dass der Gesetzgeber mit ihm im Wesentlichen nichts weiter erreichen wollte als eine Kodifizierung der schon vorher weitgehend anerkannten Rechtsprechung. Damit soll an der zuvor geltenden allgemeinen Ansicht festgehalten werden, dass ein vorheriger Behördenantrag nur erforderlich ist, wenn Fälle des § 80 a I Nr. 1 VwGO, nicht jedoch solche der Nr. 2 im Raume stehen.

Das Rechtsschutzbedürfnis entfällt daher nicht wegen des fehlenden Antrags an die Bauaufsichtsbehörde oder Widerspruchsbehörde gemäß §§ 80 a I Nr. 2, 80 IV VwGO.

2. Vorherige Einlegung des Rechtsbehelfs

§ 80 a I VwGO setzt weiter voraus, dass N „als Dritter" den Rechtsbehelf eingelegt hat.

Hinweis: Im Rahmen von § 80 V VwGO ist demgegenüber umstritten, ob ein Hauptsacherechtsbehelf gegen den VA bereits anhängig sein muss.

Mit „Einlegen" i. d. S. ist das Anhängigmachen eines Rechtsbehelfs gemeint.

Für das Rechtsschutzbedürfnis im einstweiligen Rechtsschutz darf dieser auch nicht offensichtlich unzulässig sein[22]. Zwar entfällt die aufschiebende Wirkung nach § 80 I VwGO nicht schon durch Unzulässigkeit des Rechtsbehelfs (Wortlautargument), ist dieser aber offensichtlich unzulässig, fehlt es an einer schutzwürdigen Position des Rechtsbehelfsführers. Dieser Gedanke ist auf das Verfahren im einstweiligen Rechtsschutz zu übertragen.

---

[22] Vgl. OVG NW, NJW 72, 2279.

N hat hier zur Niederschrift bei der unteren Bauaufsichtsbehörde erklärt, dass er die Bauarbeiten auf seinem Nachbargrundstück nicht dulden wolle. Die Form des § 70 I
VwGO (lesen!) wäre damit grundsätzlich gewahrt. Die untere
Bauaufsichtsbehörde ist auch Ausgangsbehörde, sie hat
nach der Landesbauordnung[23] die Baugenehmigung erlassen. Auch eine Verfristung des Widerspruchs liegt nicht
vor, da die Baugenehmigung, wie festgestellt, N gegenüber
nicht bekannt gemacht worden war und damit ihm gegenüber überhaupt keine Frist laufen konnte; eine Verwirkung
des Klagerechts kam offensichtlich noch überhaupt nicht in
Betracht.

Fraglich ist schließlich nur, ob das Vorbringen des N als
Widerspruch zu werten war, da er dies nicht ausdrücklich
erklärt, sondern nur zu Protokoll gegeben hat, dass er die
Bauarbeiten auf dem Nachbargrundstück nicht dulden wolle.
Durch Auslegung ist zu ermitteln, wie die Behörde die
Eingabe des N verstehen konnte. Es kommt hierbei nicht
darauf an, dass ausdrücklich der Begriff „Widerspruch"
verwendet wird, vielmehr reicht es aus, dass sich aus der
Eingabe insgesamt erkennen lässt, dass sich der Be-
treffende gegen den VA wenden will. Das mag hier zwar
zweifelhaft sein, doch war für die untere Bauaufsichtsbehörde deutlich, dass N sich gegen ihre (Mit-)Verant-
wortlichkeit wenden wollte, so dass sie die Eingabe nur als
Anfechtung der Baugenehmigung verstehen konnte.

Ein nicht offensichtlich unzulässiger Hauptsacherechtsbehelf
des N in Form eines Widerspruchs liegt somit hier vor. Es
besteht mithin das erforderliche Rechtsschutzbedürfnis.

---

[23] § 48 LBO **BaWü**; Art. 53 I LBO **Bay**; § 1 AG BauGB **Berl**; § 57 LBO **Brbg**; § 57
LBO **Brem**; § 58 I **HBauO**; § 60 LBO **Hess**; § 57 II LBO **MV**; § 57 LBO **Nds**; § 57
LBO **NW**; § 60 LBO **RhPf**; § 58 LBO **Saarl**; § 57 I LBO **Sachs**; § 56 I LBO **SA**;
§ 58 LBO **SH**; § 57 LBO **Thür**.

V. Antragsgegner

Antragsgegner ist nach analoger Anwendung von § 78 I VwGO derjenige, der auch im Hauptsacheverfahren passivlegitimiert wäre. Je nachdem, ob der Landesgesetzgeber die Bestimmung des § 78 I Nr. 2 VwGO umgesetzt hat oder nicht, ist richtiger Antragsgegner gemäß § 78 I Nr. 1 VwGO analog die Körperschaft, deren Behörde für den Erlass des VA's zuständig war.[24]

VI. Ergebnis

Nachdem weitere Zulässigkeitsprobleme nicht ersichtlich sind, ist davon auszugehen, dass ein Antrag des N nach §§ 80 a III 1, 80 a I Nr. 2 VwGO zulässig wäre.

B. Begründetheit eines Antrags auf einstweiligen Rechtsschutz vor dem VG

Der Antrag des N müsste, um Aussicht auf Erfolg zu haben, zudem begründet sein. Laut Sachverhalt ist die bauplanungsrechtliche Unzulässigkeit des Vorhabens des S zu unterstellen, so dass die im Rahmen des vorläufigen Rechtsschutzes vorzunehmende *summarische Prüfung* zu dem Ergebnis führt, dass die Baugenehmigung des S – aus bauplanungsrechtlichen Gründen – unzulässig und damit der Widerspruch des N begründet wäre.

C. Gesamtergebnis

Es ist davon auszugehen, dass das Vorhaben des S, das Gebäude auf seinem Grundstück in ein Wohnhaus, das er vermieten will, umzuwandeln, mit Bauplanungsrecht nicht übereinstimmt und damit ein Antrag des N auf einstweiligen Rechtsschutz vor dem VG Aussicht auf Erfolg hätte.

---

[24] Von der Ermächtigung des § 78 I Nr. 2 VwGO haben folgende Länder Gebrauch gemacht: Allgemein die Länder **Mecklenburg-Vorpommern** (§ 14 I AGGerStrG) und das **Saarland** (§ 17 II AG); mit Ausnahme von Klagen i. S. d. § 52 Nr. 4 VwGO die Länder **Brandenburg** (§ 8 II VwGO); nur für Landesbehörden die Länder **Niedersachsen** (§ 79 JustizG), **Sachsen-Anhalt** (§ 8 AG) und **Schleswig-Holstein** (§ 6 AG). In NRW ist § 5 Abs. 2 AGVwGO NRW zum 01.01.2011 weggefallen, so dass Behörden nicht mehr abweichend von § 78 Abs. 1 Nr. 1 VwGO Klagegegner sein können! In **NRW** gilt damit das *Rechtsträgerprinzip*: Klagegegner ist die Körperschaft der Behörde, die gehandelt hat.

Fall 11: Das Gewächshaus

▸ **Standort:** Bauordnungsrecht; Anspruch auf Erteilung einer Baugenehmigung

Hobbygärtner H träumt seit Jahren davon, sich in seinem Ruhestand ganz der Hobbygärtnerei hinzugeben und in seinem Garten ein kleines Paradies mit Gartenteich, Springbrunnen u. v. m. anzulegen. Nun ist der lang herbeigesehnte Zeitpunkt endlich eingetreten – H hatte seinen letzten Arbeitstag als Buchhalter. Da der Sommer vor der Tür steht, möchte er in seinem Garten mit der Arbeit loslegen.

Ein Bekannter des H, mit dem er zusammen den Interessenverband „Gartenzwerge" zum Erhalt der Gärten gegründet hat, besitzt ein verglastes, 16 m x 7 m großes und 6,50 m hohes Gewächshaus, das er selbst nicht mehr benutzt und dem H schenken möchte. H ist begeistert, kann er doch nun in dem Gewächshaus Blumen und Gemüse anbauen, das im Freien nicht ohne weiteres gedeiht und mit dessen Verkauf er seine Rente aufbessern möchte. H möchte das Gewächshaus zwischen der an der Grundstücksgrenze gelegenen Garage und dem Wohnhaus errichten und dort fest im Boden verankern, damit es eine größtmögliche Standsicherheit hat.

Das im Ortsteil O der nordrhein-westfälischen Gemeinde G gelegene Grundstück befindet sich noch innerhalb der geschlossenen Ortschaft und liegt im Geltungsbereich eines Bebauungsplans, der jedoch keine Festsetzungen über die Art der baulichen Nutzung enthält. Das Wohnhaus des H ist das letzte des im Zusammenhang bebauten Ortsteils; da hier früher überwiegend Landwirtschaft betrieben wird, ist das Wohnhaus des H umgeben von Bauernhäusern, Ställen und Scheunen. Außerdem haben sich im Laufe der Zeit ein Bioladen, eine Fleischerei, eine Bäckerei, eine Reinigung, eine Tankstelle, ein Gartenbaubetrieb und mehrere Gaststätten angesiedelt.

Der von H an die zuständige untere Bauaufsichtsbehörde gerichtete, formell ordnungsgemäße Bauantrag wird jedoch mit der Begründung zurückgewiesen, das von H geplante Gewächshaus würde sich nicht in die Umgebung der Gemeinde G einpassen und sei deshalb nicht genehmigungsfähig. Im Übrigen seien zwar die erforderlichen Abstandsflächen auf dem Grundstück eingehalten, allerdings sei damit zu rechnen, dass Sonnenspiegelungen von dem verglasten Gebäude die Autofahrer auf der am Grundstück entlang führenden Straße blenden könnten und dadurch das Verkehrsunfallrisiko erheblich erhöht würde; eine Baugenehmigung könnte H allein schon aus diesem Grunde nicht erteilt werden.

H kann die Ausführungen in dem Ablehnungsbescheid nicht ansatzweise nachvollziehen. Die von der Behörde angeführten Spiegelungen sind seiner Meinung nach höchst unwahrscheinlich, weil bei einem Gewächshaus die Sonnenstrahlen überhaupt nicht auf Straßenniveau reflektiert würden. Er erwägt, Widerspruch[25] einzulegen, bittet zuvor aber seine Nichte N, die gerade ihr zweites juristisches Staatsexamen mit Prädikat bestanden hat, um eine gutachterliche Prüfung, ob er einen Anspruch auf Erteilung einer Baugenehmigung für sein Vorhaben hat. Zu welchem Ergebnis wird N bei ihrer Prüfung gelangen?

Anspruch auf Baugenehmigung aus der Landesbauordnung?
I. Genehmigungspflichtigkeit des Vorhabens (+)
II. Genehmigungsfähigkeit des Vorhabens (+)
  1. Vereinbarkeit mit den §§ 29 ff. BauGB:
  a) § 29 f. BauGB
  b) § 30 BauGB
  c) § 34 BauGB
  2. Vereinbarkeit mit anderen öffentlich-rechtlichen Vorschriften
III. Ergebnis

---

[25] Entbehrlich ist das Vorverfahren in NRW (§ 110 Justizgesetz) und Bayern (Art. 15 AG VwGO), nicht aber in Niedersachsen (§ 80 II 1 Nr. 4a JustizG).

H hat einen Anspruch auf Erteilung einer Baugenehmigung aus der jeweiligen Landesbauordnung[26], wenn sein Vorhaben einer Baugenehmigung bedarf *(Genehmigungspflichtigkeit)* und die Voraussetzungen für die Erteilung einer Baugenehmigung vorliegen *(Genehmigungsfähigkeit)*.

I. Genehmigungspflichtigkeit des Vorhabens

Voraussetzung für die Erteilung einer Baugenehmigung nach der o.g. Norm aus der Landesbauordnung ist zunächst, dass das Vorhaben überhaupt einer Baugenehmigung bedarf, d.h. genehmigungspflichtig ist.

Dann müsste es sich bei dem Gewächshaus um eine bauliche Anlage oder eine andere Anlage oder Einrichtung i. S. d. LandesBauO handeln. Der Begriff der baulichen Anlage ist in § 2 I (bzw. *Art. 2 I LBO Bay*) sämtlicher Landesbauordnungen legaldefiniert. Danach sind bauliche Anlagen mit dem Erdboden verbundene, aus Bauprodukten hergestellte Anlagen. Bauprodukte sind nach § bzw. Art. 2 der LandesBauOen vor allem Baustoffe, Bauteile und Anlagen, die hergestellt werden, um dauerhaft in bauliche Anlagen eingebaut zu werden. H will auf seinem Grundstück zwischen der Garage und seinem Wohnhaus ein verglastes Gewächshaus errichten. Das Gewächshaus ist aus Bauprodukten (Glas, Metall) hergestellt; laut Sachverhalt will H das Gewächshaus im Boden verankern, so dass hier insgesamt eine bauliche Anlage i. S. d. § bzw. Art. 2 I der LandesBauOen vorliegt.

> **Anmerkung:** Auch ohne feste Verankerung ist eine Anlage dann mit dem Erdboden verbunden, wenn sie so schwer ist, dass sie ohne technische Hilfsmittel nicht bewegt werden kann. Ob dies bei einem Gewächshaus anzunehmen wäre, hängt davon ab, ob dieses ohne Einsatz technischen Gerätes fortbewegt werden könnte.

---

[26] § 58 LBO **BaWü**; Art. 68 LBO **Bay**; § 71 LBO **Berl**; § 72 LBO **Brbg**; § 72 LBO **Brem**; § 72 **HBauO**; § 74 I LBO **Hess**; § 72 LBO **MV**; § 70 LBO **Nds**; § 74 LBO **NW**; § 70 LBO **RhPf**; § 73 LBO **Saarl**; § 72 LBO **Sachs**; § 71 LBO **SA**; § 73 LBO **SH**; § 71 LBO **Thür**.

Ferner darf das Vorhaben des H nicht *genehmigungsfrei* sein. Nach der jeweiligen LandesBauO[27] besteht die Genehmigungspflicht, soweit in einer anderen Norm der LandesBauO[28] nichts anderes bestimmt ist. Hier käme allenfalls eine Genehmigungsfreiheit nach der Landes-BauO[29] in Betracht. Nach den LandesBauOen kommt eine Genehmigungsfreiheit allein schon nicht in Betracht wegen der Überschreitung der Firsthöhe. Demnach fällt das Gewächshaus nicht unter diese Befreiungstatbestände. Weitere Möglichkeiten, wonach das Gewächshaus als verfahrensfrei eingestuft werden könnte, sind nicht ersichtlich.

H benötigt damit für sein Vorhaben eine Baugenehmigung, denn bei dem geplanten Glashaus handelt es sich um ein genehmigungsbedürftiges Vorhaben.

II. Genehmigungsfähigkeit des Vorhabens

Nach der in *Fußnote 27* genannten Norm ist ein genehmigungsbedürftiges Vorhaben zu genehmigen, wenn ihm öffentlich-rechtliche Vorschriften nicht entgegenstehen.

Vorliegend gibt das vereinfachte Genehmigungsverfahren[30] den Prüfungsumfang für die Genehmigungsfähigkeit eines

---

[27] § 49 LBO **BaWü**; Art. 55 LBO **Bay**; § 59 LBO **Berl**; § 59 LBO **Brbg**; § 59 LBO **Brem**; § 59 **HBauO**; § 62 LBO **Hess**; § 59 LBO **MV**; § 59 LBO **Nds**; § 60 LBO **NW**; § 61 LBO **RhPf**; § 60 LBO **Saarl**; § 59 LBO **Sachs**; § 58 LBO **SA**; § 62 LBO **SH**; § 59 LBO **Thür**.

[28] §§ 50 und 51 LBO **BaWü**; Art. 57 f. LBO **Bay**; § 61 LBO **Berl**; §§ 60-62 **Brbg**; §§ 61 ff. LBO **Brem**; § 60 **HBauO**; §§ 63 ff. LBO **Hess**; §§ 61 ff. LBO **MV**; §§ 60, 62 LBO **Nds**; §§ 61 ff. LBO **NW**; §§ 62, 67 LBO **RhPf**; §§ 61-63 LBO **Saarl**; §§ 61 f. 76 LBO **Sachs**; §§ 60 f. LBO **SA**; § 63 LBO **SH**; §§ 60, 61 LBO **Thür**.

[29] Anh. Nr. 1d zu § 50 LBO **BaWü**; Art. 57 I Nr. 1 d) LBO **Bay**; § 61 LBO **Berl**; §§ 60-62 LBO **Brbg**; §§ 61 ff. LBO **Brem**; § 60 II i. V. m. Nr. 1.4. d. Anl. **HBauO**; § 63 i. V. m. Anlage I. 1.4 LBO **Hess**; § 61 I Nr. 1 d) LBO **MV**; § 60 I i. V. m. Anh. Nr. 1.4 LBO **Nds**; § 62 I Nr. 1 d) LBO **NW**; § 62 I Nr. 1c) LBO **RhPf**; § 61 I Nr. 1 d) LBO **Saarl**; § 61 I Nr. 1d) LBO **Sachs**; § 60 I Nr. 1 e) LBO **SA**; § 63 I Nr. 1d LBO **SH**; § 60, 61 LBO **Thür**.

[30] § 52 LBO **BaWü**; Art. 59 LBO **Bay**; § 63 LBO **Berl**; § 63 LBO **Brbg**; § 63 LBO **Brem**; § 61 **HBauO**; § 65 LBO **Hess**; § 63 LBO **MV**; § 63 LBO **Nds**; § 64 LBO **NW**; § 66 LBO **RhPf**; § 64 LBO **Saarl**; § 63 LBO **Sachs**; § 62 LBO **SA**; § 69 LBO **SH**; § 62 LBO **Thür**.

Vorhabens vor. Hierbei richtet sich die Zulässigkeit des Vorhabens insbesondere nach den Vorschriften des BauGB und den sonstigen öffentlich-rechtlichen Vorschriften außerhalb des Bauordnungsrechts.

1. Vereinbarkeit mit den §§ 29 ff. BauGB

Das Vorhaben müsste daher zunächst mit den bauplanungsrechtlichen Vorgaben der §§ 29 ff. BauGB im Einklang stehen.

a) Anwendbarkeit der §§ 29 ff. BauGB

Fraglich ist zunächst, ob die §§ 29 ff. BauGB insoweit überhaupt anwendbar sind. Dann müsste es sich bei dem Vorhaben von H um die Errichtung, Änderung oder Nutzungsänderung einer baulichen Anlage i. S. d. § 29 I BauGB handeln, d.h. um ein Vorhaben, das eine gewisse „bodenrechtliche" bzw. „städtebauliche" Relevanz aufweist, also die in § 1 VI BauGB genannten Belange in einer Weise berühren kann, die geeignet ist, das Bedürfnis nach einer seine Zulässigkeit regelnden verbindlichen Bauleitplanung hervorzurufen. Das ist bei der Errichtung eines Gewächshauses von 112 qm Brutto-Grundfläche (7 m x 16 m) durchaus anzunehmen.

b) Vereinbarkeit mit § 30 BauGB

Das Grundstück des H befindet sich laut Sachverhalt im Geltungsbereich eines Bebauungsplans, so dass § 30 BauGB zu beachten ist. Der Bebauungsplan enthält jedoch keine Festsetzungen über die Art der baulichen Nutzung und damit nicht die Mindestvoraussetzungen des § 30 I BauGB. Es handelt sich somit nicht um einen sog. qualifizierten, sondern um einen sog. einfachen Bebauungsplan, bei dem sich nach § 30 III BauGB die Zulässigkeit des Vorhabens „im Übrigen" nach § 34 bzw. § 35 BauGB richtet. Der einfache Bebauungsplan wird damit - soweit er keine Regelungen enthält - durch § 34 und § 35 BauGB ergänzt.

Hier lässt sich dem Sachverhalt nicht entnehmen, welche Vorgaben der Bebauungsplan z. B. über das Maß der baulichen Nutzung (vgl. §§ 16 ff. BauNVO), die Bauweise (vgl. § 22 BauNVO) oder die überbaubare Grundstücksfläche (vgl. § 23 BauNVO) enthält. Es kann daher davon ausgegangen werden, dass das Vorhaben den Vorgaben des Bebauungsplans entspricht. Da dieser jedoch keine Vorschriften über die Art der baulichen Nutzung enthält, sind insoweit nach § 30 III BauGB die Regelungen der §§ 34 und 35 BauGB ergänzend heranzuziehen.

c) Vereinbarkeit mit § 34 BauGB

Zunächst ist zu prüfen, ob sich die bauplanungsrechtliche Zulässigkeit des Vorhabens nach § 34 BauGB richtet. Bei einem einfachen Bebauungsplan kommt § 34 BauGB zur Anwendung, wenn sich das Vorhaben im Innenbereich, d.h. das Grundstück des H sich innerhalb eines im Zusammenhang bebauten Ortsteils befindet. Das fragliche Grundstück des H befindet sich am Rande des bebauten Ortsteils, so dass, unabhängig vom Verlauf der Grundstücksgrenzen, unmittelbar hinter dem letzten Haus des im Zusammenhang bebauten Ortsteils der Innenbereich endet. H will das Gewächshaus genau zwischen der an der Grundstücksgrenze liegenden Garage und dem Wohnhaus errichten, so dass das Vorhaben nicht zum Außen-, sondern noch zum Innenbereich gehört. Die bauplanungsrechtliche Zulässigkeit richtet sich somit nach § 34 BauGB.

Entspricht die nähere Umgebung des geplanten Vorhabens einem der in § 2 bis § 11 BauNVO aufgeführten Baugebiete, richtet sich die Zulässigkeit des Vorhabens gemäß § 34 II BauGB (lesen!) hinsichtlich der Art der baulichen Nutzung allein danach, ob das Vorhaben nach der BauNVO in diesem Baugebiet zulässig **wäre**. § 34 II BauGB ist hinsichtlich der Art der baulichen Nutzung lex specialis zu § 34 I BauGB. Es ist daher festzustellen, ob die nähere Umgebung einem der in § 2 bis § 11 BauNVO aufgeführten Baugebiete entspricht. Dies richtet sich grundsätzlich allein nach dem *faktischen* und *sichtbaren* Zustand des Gebietes[31].

Im vorliegenden Fall könnte das Gebiet als **Dorfgebiet** nach § 5 BauNVO charakterisiert werden, da alle im Sachverhalt aufgezählten Nutzungsarten der näheren Umgebung unproblematisch zulässig wären:

- Die Bauernhäuser wären gemäß § 5 II Nr. 2 BauNVO zulässig.

- Die Ställe und Scheunen wären aufgrund von § 5 II Nr. 4 BauNVO zulässig.

- Die verschiedenen Läden und die Gaststätten wären nach § 5 II Nr. 5 BauNVO zulässig.

- Der Gartenbaubetrieb wäre nach § 5 II Nr. 8 BauNVO zulässig.

- Die Tankstelle wäre nach § 5 II Nr. 9 BauNVO zulässig.

Somit bestimmt sich die bauplanungsrechtliche Zulässigkeit des Vorhabens bezüglich der Art der baulichen Nutzung danach, ob es gemäß § 34 II BauGB i. V. m. § 5 II BauNVO allgemein zulässig wäre. In Betracht kommt hier eine Zulässigkeit des Gewächshauses als **Gartenbaubetrieb** nach § 5 II Nr. 8 BauNVO.

H möchte das Gewächshaus dazu nutzen, Blumen und Gemüse anzubieten, um durch den Verkauf seine Rente aufzubessern. Diese Art der Nutzung ist als Gartenbaubetrieb zu qualifizieren, so dass das Vorhaben des H nach § 34 II BauGB i. V. m. § 5 II Nr. 8 BauNVO bauplanungsrechtlich zulässig ist.

---

[31] Vgl. BVerwG, NVwZ 1993, 1100.

2. Vereinbarkeit mit anderen öffentlichen Vorschriften

Über die bauplanungsrechtlichen Vorschriften hinaus könnten im vorliegenden Fall noch andere öffentlich-rechtliche Vorschriften zu berücksichtigen sein.

Laut Sachverhalt geht die zuständige untere Bauaufsichtsbehörde davon aus, dass Sonnenspiegelungen von dem verglasten Gewächshaus die Autofahrer blenden könnten und dadurch das Verkehrsunfallrisiko erheblich gesteigert würde.

Grundsätzlich können auch Verstöße gegen nichtbaurechtliche Vorschriften der Erteilung einer Baugenehmigung entgegenstehen und sind auch im o.g. vereinfachten Verfahren zu prüfen.

Zunächst wäre in diesem Zusammenhang an straßenverkehrsrechtliche Bestimmungen zu denken, die Regelungen für entsprechende Verkehrsbeeinträchtigungen enthalten. Die hier in Frage kommenden Vorschriften der §§ 32, 33 StVO regeln zwar Verbote von Verkehrshindernissen bzw. Verkehrsbeeinträchtigungen, beinhalten aber kein auf den vorliegenden Fall anzuwendendes allgemeines Verbot der von Grundstücken ausgehenden Gefährdung des innerörtlichen Verkehrs, worunter man die befürchteten Spiegelungen der Glaswände subsumieren könnte.

Es kommt daher allenfalls ein Verstoß gegen die allgemeine Sicherheit und Ordnung in Betracht. Allerdings werden im vereinfachten Baugenehmigungsverfahren die Normen des Bauordnungsrechts nicht geprüft.

Die zuständige untere Bauaufsichtsbehörde konnte somit nicht die zu befürchtende Beeinträchtigung des innerört-lichen Straßenverkehrs geltend machen, um H die bean-tragte Baugenehmigung zu verweigern. Es kommt deshalb nicht darauf an, dass die genannten Spiegelungen höchst unwahrscheinlich sind, weil bei einem Gewächshaus die Sonnenstrahlen nicht auf Straßenniveau reflektiert werden.

III. Ergebnis

Das Vorhaben des H entspricht mithin den im vereinfachten Verfahren zu prüfenden öffentlich-rechtlichen Vorschriften und ist genehmigungsfähig. Das Vorhaben des H ist damit zulässig. Seine Nichte N wird ihm - als Ergebnis ihrer gutachtlichen Prüfung - daher mitteilen, dass er einen An-spruch auf Erteilung einer Baugenehmigung für das ge-plante Gewächshaus hat.

Fall 12: Oldies but Goldies

▸**Standort:** Bauordnungsrecht; Begehren einer Baugenehmigung; Genehmigungspflichtigkeit eines Vorhabens; Genehmigungsfähigkeit eines Vorhabens

Kfz-Meister M hat bis zu seiner Meisterprüfung als Angestellter in einer KfZ-Reparaturwerkstatt in der nordrhein-westfälischen Gemeinde G gearbeitet. Nebenbei hat er in einer kleinen Halle nach Feierabend für Freunde und Bekannte „günstig" deren Autos repariert. Die Halle befindet sich auf einem dem M gehörenden Grundstück im Dorf D, welches inmitten eines nur mit Wohnhäusern bebauten, unbeplanten Gebietes liegt. Sie wurde bereits vor 20 Jahren errichtet, ohne dass hierfür jemals eine Baugenehmigung beantragt wurde und genießt Bestandsschutz.

Da M in Zukunft beruflich völlig unabhängig sein möchte, überlegt er, sich mit einer eigenen Kfz-Reparaturwerkstatt in der Gemeinde G niederzulassen. Um sich von der Konkurrenz abzuheben, hat er die Idee, sich auf Oldtimer zu spezialisieren, da solche Werkstätten rar sind und M einige Bekannte hat, deren Oldtimer er in der Vergangenheit gewartet und repariert hat. Die auf seinem Grundstück befindliche Halle ist für diese Geschäftsidee allerdings zu klein, da darin nur ein einziges Auto Platz hat. Das Grundstück ist aber sehr groß, so dass M die Halle um einen 4 x 8 Meter großen Anbau erweitern und eine erforderliche Zufahrt errichten möchte. M beantragt für sein Vorhaben bei der zuständigen Bauaufsichtsbehörde eine Baugenehmigung. Muss die Behörde sein Vorhaben genehmigen?

I. Anspruchsgrundlage: LandesBauO
II. Genehmigungspflichtigkeit des Vorhabens (+)
III. Genehmigungsfähigkeit des Vorhabens (-)
IV. Ergebnis

Die zuständige Bauaufsichtsbehörde muss M die Baugenehmigung gemäß der LandesBauO[32] erteilen, wenn sein Vorhaben einer Baugenehmigung bedarf *(Genehmigungspflichtigkeit)* und die Voraussetzungen für die Erteilung einer Baugenehmigung vorliegen *(Genehmigungsfähigkeit)*.

I. Genehmigungspflichtigkeit des Vorhabens

Bauliche Anlagen sind nach der jeweiligen LandesBauO[33] grds. genehmigungspflichtig, sofern sie nicht ausnahmsweise befreit sind. Eine Befreiung von der Genehmigungspflicht der hier im Streit stehenden Anlage ist in der jeweiligen LandesBauO[34] nicht vorgesehen, so dass hier von einer Genehmigungsfähigkeit des Vorhabens auszugehen ist.

II. Genehmigungsfähigkeit des Vorhabens

Ferner ist zu prüfen, ob das Vorhaben des M genehmigungsfähig ist. Nach der LandesBauO[35] ist ein genehmigungsbedürftiges Vorhaben zu genehmigen, wenn es den öffentlich-rechtlichen Vorschriften entspricht. Dem Vorhaben des M könnten bauplanungsrechtliche Vorschriften entgegenstehen:
Das Vorhaben soll in einem allgemeinen Wohngebiet errichtet werden. Nach § 4 BauNVO ist eine KfZ-Werkstatt weder als Regelbebauung noch ausnahmsweise zulässig.

---

[32] § 58 LBO **BaWü**; Art. 68 LBO **Bay**; § 71 LBO **Berl**; § 72 LBO **Brbg**; § 72 LBO **Brem**; § 72 **HBauO**; § 74 I LBO **Hess**; § 72 LBO **MV**; § 70 LBO **Nds**; § 74 LBO **NW**; § 70 LBO **RhPf**; § 73 LBO **Saarl**; § 72 LBO **Sachs**; § 71 LBO **SA**; § 73 LBO **SH**; § 71 LBO **Thür**.
[33] § 49 LBO **BaWü**; Art. 55 LBO **Bay**; § 59 LBO **Berl**; § 59 LBO **Brbg**; § 59 LBO **Brem**; § 59 **HBauO**; § 62 LBO **Hess**; § 59 LBO **MV**; § 59 LBO **Nds**; § 60 LBO **NW**; § 61 LBO **RhPf**; § 60 LBO **Saarl**; § 59 LBO **Sachs**; § 58 LBO **SA**; § 62 LBO **SH**; § 59 LBO **Thür**.
[34] §§ 50 und 51 LBO **BaWü**; Art. 57 f. LBO **Bay**; § 61 LBO **Berl**; §§ 60-62 **Brbg**; §§ 61 ff. LBO **Brem**; § 60 **HBauO**; §§ 63 ff. LBO **Hess**; §§ 61 ff. LBO **MV**; §§ 60, 62 LBO **Nds**; §§ 61 ff. LBO **NW**; §§ 62, 67 LBO **RhPf**; §§ 61-63 LBO **Saarl**; §§ 61 f. 76 LBO **Sachs**; §§ 60 f. LBO **SA**; § 63 LBO **SH**; §§ 60, 61 LBO **Thür**.
[35] Vgl. Fußnote 32.

Laut Sachverhalt genießt die vor 20 Jahren errichtete Halle, in der M bislang Autos repariert hat, Bestandsschutz. Problematisch ist, ob dieser Bestandsschutz ohne weiteres die von M geplante Erweiterung der Anlage erfasst.

Als Ausfluss der Eigentumsfreiheit erstreckt sich der Bestandsschutz grundsätzlich nur auf das, was tatsächlich als Eigentum besteht, so dass eine Erweiterung regelmäßig nicht vom Bestandsschutz erfasst ist.

Allerdings könnte das Vorhaben des M vom ausnahmsweise gewährten „**überwirkenden Bestandsschutz**" erfasst sein. Ein solcher ist dann anzunehmen, wenn der Schutz des vorhandenen Bestandes einer baulichen Anlage ohne diese Erweiterung leer liefe, weil die Ergänzung zur funktionsgerechten Nutzung der geschützten Anlage unabdingbar ist.

Hier dient das neue Vorhaben nur der Vergrößerung der bereits bestehenden baulichen Anlage. Die alte Anlage kann jedoch auch ohne Errichtung der neuen Halle weiter in ihrer Funktion ohne Einschränkung betrieben werden. Die Pflicht zur Genehmigung erwächst daher auch nicht aus dem Gesichtspunkt des überwirkenden Bestandsschutzes.

III. Ergebnis

Da der von M geplante Erweiterungsbau unzulässig ist und auch nicht unter dem Gesichtspunkt des Bestandsschutzes zuzulassen ist, muss die Baubehörde das Vorhaben nicht genehmigen.

Abwandlung

▸**Standort:** Bauordnungsrecht; Widerspruch gegen die Versagung einer Baugenehmigung

Obwohl M nicht einsehen kann, dass die Behörde ihm den Erweiterungsbau nicht genehmigt, findet er sich mit der Entscheidung ab und macht sich auf die Suche nach einer geeigneten anderen Halle, in der er seine Reparaturwerkstatt errichten kann. In der 20 km entfernten Gemeinde H vermietet ihm ein Bekannter eine Halle zu einer günstigen Miete und bereits nach 6 Wochen kann M seinen Betrieb eröffnen. Zwischenzeitlich kommt es in seiner kleinen Halle auf seinem Grundstück zu einem Kurzschluss und die Halle brennt vollständig nieder. M überlegt sich, den Rest der niedergebrannten Halle abtragen zu lassen und im Anschluss eine neue Halle zu errichten, die die gleiche Größe wie die alte Halle haben soll. So hat er nach Feierabend oder am Wochenende die Möglichkeit, auch zuhause Reparaturen an einzelnen Autos vorzunehmen ohne dafür jedes Mal in seine Werkstatt fahren zu müssen. Die Bauaufsichtsbehörde könne ja wohl nichts dagegen haben – schließlich errichte er die Halle exakt so, wie sie vorher auf dem Grundstück gestanden habe. Die Behörde verweigert M die Baugenehmigung mit der Begründung, in einem allgemeinen Wohngebiet sei die Halle bauplanungsrechtlich unzulässig. M möchte sich gegen die Versagung zur Wehr setzen. Welches Vorgehen hat dabei Aussicht auf Erfolg?

I. Zulässigkeit des Widerspruchs (verkürzte Prüfung) (+)
II. Begründetheit des Widerspruchs (-)

Möglicherweise ist ein Widerspruch[36] des M gegen die Versagung der Baugenehmigung erfolgversprechend.

Dann müsste der Widerspruch zulässig und begründet sein.

I. Zulässigkeit des Widerspruchs (verkürzte Prüfung)

An der Zulässigkeit des Widerspruchs bestehen keine Zweifel; es handelt sich um einen Verpflichtungswiderspruch nach § 68 II VwGO.

II. Begründetheit des Widerspruchs

Der Widerspruch ist begründet, wenn M einen **Anspruch** auf die Erteilung einer Baugenehmigung für sein Vorhaben hätte. Wie bereits festgestellt, ist die Errichtung einer Kfz-Reparaturwerkstatt in einem allgemeinen Wohngebiet bauplanungsrechtlich unzulässig. Eine Genehmigungspflicht könnte sich nur aus dem Gesichtspunkt des Bestandsschutzes für die zuvor betriebene Anlage ergeben.

Als Teil des Eigentumsrechtes besteht Bestandsschutz an Eigentumspositionen. Bis zur Zerstörung der Halle waren der tatsächliche Bestand und die Möglichkeit der Nutzung als Kfz-Werkstatt erfasst. Durch den durch die Zerstörung eingetretenen Eigentumsverlust besteht keine von Art. 14 GG geschützte Position mehr. Daher kommt auch ein Schutz des Bestandes nicht in Betracht, der die Errichtung eines Ersatzbaus rechtfertigen könnte.

Daher lässt sich aus dem Gesichtspunkt des Bestandsschutzes ein Anspruch auf Erteilung einer Baugenehmigung nicht ableiten. Ein Widerspruch des M wäre also unbegründet und daher erfolglos.

---

[36] Entbehrlich ist das Vorverfahren in NRW (§ 110 Justizgesetz) und Bayern (Art. 15 AG VwGO), nicht aber in Niedersachsen (§ 80 II 1 Nr. 4a JustizG).

Fall 13: Das Wochenendhaus

▶**Standort:** Bauordnungsrecht; Voraussetzungen Beseitigungsanordnung; Rechtsbehelfe

---

Bäckermeister B ist Inhaber der Bäckereikette „Brötchen &
Mehr", die sich inzwischen auf über fünfzig Filialen in Nord-
rhein-Westfalen ausgedehnt hat. B lebt mit seiner Familie
zurückgezogen in seiner Villa in einer kleinen Gemeinde G
im Ruhrgebiet. Vor zwei Jahren hat B ein in dem Flurstück
„Klingelbach" gelegenes Grundstück erworben. Damals
hatte ihm ein Ratsmitglied des Gemeinderats in G und lang-
jähriger Golffreund F „gesteckt", dass mittelfristig geplant
sei, für das Flurstück einen Bebauungsplan zu erstellen und
das Gebiet als Wochenendhausgebiet auszuweisen.

B beantragt, als die Planungen weitgehend vollendet sind,
bei dem zuständigen Landrat L einen Vorbescheid für die
Errichtung eines Wochenendhauses mit Veranda nebst Einfriedung. Die Erschließung für das Grundstück des B ist
gesichert: das Grundstück ist durch eine Gemeindever-
bindungsstraße erschlossen; die Abwässer werden über den
gemeindlichen Kanal abgeleitet. Eine schriftliche Erklärung,
dass B die Festsetzungen des Bebauungsplans für sich und
seinen Rechtsnachfolger anerkenne, war dem Antrag beigefügt.

Auf seinen Antrag hin erteilt L mit Bescheid vom 01.02.,
zugestellt am 02.02., den beantragten Vorbescheid. Der Bebauungsplan sollte in der Sitzung des Gemeinderates vom
01.03. verabschiedet werden. Auf Druck der Fraktion der
Naturschutzpartei N kam es jedoch anders als ursprünglich
geplant: die Fraktionsmitglieder von N machten geltend,
dass es nicht sein könne, dass ein derart idyllisch gelegenes
Flurstück wie der „Klingelbach" Industriellen für ihr Wochen-
endvergnügen zugeschanzt würde. Minderheiten seien in
der Vergangenheit bei den Planungen in G überhaupt nicht
mehr berücksichtigt worden.

Die Mitglieder von N schlagen daher vor, das Flurstück „Klingelbach" als Sondergebiet „Behindertenzentrum" auszuweisen und es gelingt ihnen überraschenderweise, die Mehrheit der Ratsmitglieder von dieser Idee zu überzeugen.

Die Annahme des ursprünglichen Bebauungsplans wird abgelehnt und stattdessen beschlossen, das Flurstück „Klingelbach" als Sondergebiet „Behindertenzentrum" auszuweisen. B hatte in der Zwischenzeit auf seinem Grundstück bereits einiges unternommen, da er das Wochenendhaus zügig errichten wollte, um sich wenigstens im Spätsommer auf der Terrasse noch den einen oder anderen Cocktail gönnen zu können. Er ließ Bäume und Sträucher pflanzen und zu deren Schutz die in den Plänen vorgesehene Einfriedung von 2,50 m Höhe – bestehend aus gekanteten Betonpfeilern und kunststoffummanteltem Maschendraht – errichten. Am 26.05. erhielt B von L per Einschreiben ein auf den 24.05. datiertes Schreiben, in dem die Beseitigung der Einfriedung angeordnet wird. Eine Rechtsbehelfsbelehrung war dem Schreiben beigefügt.

Begründet wird die Anordnung damit, dass B die Umzäunung ohne Genehmigung errichtet habe; die Einfriedung sei rechtswidrig. Eine nachträgliche Genehmigung könne nach der Änderung der gemeindlichen Planung auch nicht mehr erteilt werden. Eine Abwägung der öffentlichen und privaten Interessen ergebe die Notwendigkeit der Beseitigung der schon errichteten Bauteile.

B kann die Entscheidung der Behörde nicht fassen; er wirft dieser vor, dass der Vorbescheid das Papier nicht wert sei, auf dem er geschrieben stehe. Er fragt sich, weshalb er den Vorbescheid überhaupt beantragt habe, wenn nun die Behörde machen könne, was sie wolle. Zu den Golffreunden des B gehört auch der ortsansässige Rechtsanwalt R, den er am 15.06. damit beauftragt, die ganze Sache einmal zu überprüfen und – notfalls im Klagewege – gegen die Beseitigungsandrohung vorzugehen. Zu welchem Ergebnis wird R gelangen?

A. Zulässigkeit der Klage(+)
I. Eröffnung des Verwaltungsrechtswegs (§ 40 I 1 VwGO) (+)
II. Statthafte Klageart: Anfechtungsklage nach § 42 I, 1. Alt. VwGO (+)
III. Klagebefugnis, § 42 II VwGO (+)
IV. Vorverfahren (+); entbehrlich in NRW und Bayern
1. Fristbeginn
2. Fristdauer
3. Erfolgloses Widerspruchsverfahren
V. Klagefrist (+)
VI. Klagegegner (§ 78 VwGO)
B. Begründetheit (+)
I. Formelle Rechtmäßigkeit (+)
1. Zuständigkeit (+)
2. Verfahren, Form (+)
II. Materielle Rechtmäßigkeit (+)
1. Ermächtigungsgrundlage: LandesBauO
a) Anlage (+)
b) Im Widerspruch zu öffentlich-rechtlichen Vorschriften (+)
aa) Formelle Baurechtswidrigkeit (+)
bb) Materielle Baurechtswidrigkeit (+)
(a) Verstoß gegen Vorschriften des BauGB und der BauO (-)
(b) Bindung an die Festsetzungen des Bebauungsplans (+)
III. Rechtsverletzung
C. Ergebnis

B könnte gegen die Beseitigungsanordnung vom 24.05. Klage vor dem Verwaltungsgericht erheben.

Die Klage müsste, um Aussicht auf Erfolg zu haben, zulässig und begründet sein.

A. Zulässigkeit der Klage

I. Verwaltungsrechtsweg, § 40 I 1 VwGO

Die in Streit befindliche Beseitigungsandrohung hat ihre rechtliche Grundlage in der jeweiligen Landesbauordnung, die Streitigkeit ist daher öffentlich-rechtlich. Zudem ist diese Streitigkeit nichtverfassungsrechtlicher Art und auch nicht durch Gesetz ausdrücklich einem anderen Gericht zuge-wiesen. Der Verwaltungsrechtsweg ist daher gemäß § 40 I 1 VwGO eröffnet.

96

II. Statthafte Klageart

Bei der Beseitigungsanordnung des L vom 24.05, in der B verbindlich die Beseitigung der Einfriedung aufgegeben wird, handelt es sich um einen VA i. S. d. § 35 S. 1 VwVfG. Da B die Aufhebung der Beseitigungsanordnung begehrt, ist eine Anfechtungsklage gem. § 42 I, 1. Alt. VwGO statthafte Klageart.

III. Klagebefugnis, § 42 II VwGO

Die Beseitigungsanordnung verletzt B möglicherweise in dessen Recht aus Art. 14 I GG, so dass er auch klagebefugt gem. § 42 II VwGO ist.

IV. Vorverfahren, §§ 68 ff VwGO

B müsste – je nach Bundesland[37] - ferner gemäß § 68 VwGO ein ordnungsgemäßes Vorverfahren durchgeführt haben. Zunächst müsste B fristgerecht Widerspruch gegen die Beseitigungsanordnung eingelegt haben. Gemäß § 70 I 1 VwGO ist der Widerspruch innerhalb eines Monats nach Bekanntgabe zu erheben.

1. Fristbeginn

Bekannt gegeben wurde der Bescheid laut Sachverhalt per Einschreiben auf dem Postwege. Gemäß § 4 II VwZG (lesen!) gilt bei der Zustellung durch die Post mittels eingeschriebenen Briefs dieser mit dem 3. Tag nach der Aufgabe zur Post als zugestellt, es sei denn, dass das zuzustellende Schriftstück nicht oder zu einem späteren Zeitpunkt zugegangen ist. Dem Sachverhalt ist nicht zu entnehmen, wann das Schreiben seitens der Behörde zur Post gegeben wurde. Möglich ist, dass dies am 24. oder 25.05. geschah, so dass der gesetzlich fingierte Zeitpunkt der Zustellung am

---

[37] Entbehrlich ist das Vorverfahren in NRW (§ 110 Justizgesetz) und Bayern (Art. 15 AG VwGO), nicht aber in Niedersachsen (§ 80 II 1 Nr. 4a JustizG).

27. oder 28.05. gewesen sein kann, keinesfalls aber am 26.05. Gemäß §§ 79, 31 VwVfG der Länder i. V. m. § 187 I BGB beginnt die Frist damit am 28. oder 29.05.

2. Fristdauer

Gemäß § 70 I VwGO beträgt die Fristdauer einen Monat. Dementsprechend endet die Frist im vorliegenden Fall gemäß §§ 79, 31 VwVfG, 188 II BGB am 27. oder 28.06.

3. Erfolgloses Widerspruchsverfahren

Problematisch könnte sein, dass B das Widerspruchsverfahren im vorliegenden Fall überhaupt noch nicht erfolglos durchgeführt hat. Nach ständiger Rechtsprechung des BVerwG[38] ist in diesem Fall trotz des Wortlauts des § 68 I VwGO davon auszugehen, dass die Durchführung des Widerspruchsverfahrens als Sachentscheidungsvoraussetzung zu bewerten ist. Das heißt, dass das Widerspruchsverfahren noch nicht im Zeitpunkt der Klageerhebung, sondern erst im Zeitpunkt der Sachentscheidung des Gerichts (in der Regel: Zeitpunkt der letzten mündlichen Verhandlung) erfolglos abgeschlossen sein muss.

Da die Widerspruchsfrist hier noch nicht abgelaufen ist (B hat R am 15.06. mit der Überprüfung des Sachverhalts beauftragt), kann folglich das Widerspruchsverfahren noch ordnungsgemäß durchgeführt werden.

V. Klagefrist, § 74 I VwGO

B muss die Anfechtungsklage innerhalb eines Monats nach Zustellung des Widerspruchsbescheids gem. § 74 I VwGO erheben.

---

[38] Vgl. BVerwGE 4, 203/204.

VI. Klagegegner

Je nachdem, ob der Landesgesetzgeber die Bestimmung des § 78 I Nr. 2 VwGO umgesetzt hat oder nicht, ist richtiger Klagegegner gemäß § 78 I Nr. 1 VwGO die Körperschaft, deren Behörde für den Erlass des VA's zuständig war.[39]

B. Begründetheit

Die Klage des B ist gemäß § 113 I 1 VwGO begründet, wenn die Beseitigungsanordnung rechtswidrig und B dadurch in seinen Rechten verletzt wäre.

I. Formelle Rechtmäßigkeit

1. Zuständigkeit

Sachlich und örtlich zuständig für die Beseitigungsanordnung ist gemäß § 57 I Nr. 3 b BauO NW der Landrat L[40].

2. Verfahren, Form

Form- und Verfahrensfehler sind aus dem Sachverhalt nicht ersichtlich.

---

[39] Von der Ermächtigung des § 78 I Nr. 2 VwGO haben folgende Länder Gebrauch gemacht: Allgemein die Länder Mecklenburg-Vorpommern (§ 14 I AGGerStrG) und das Saarland (§ 17 II AG); mit Ausnahme von Klagen i. S. d. § 52 Nr. 4 VwGO die Länder Brandenburg (§ 8 II VwGO); nur für Landesbehörden die Länder Niedersachsen (§ 79 JustizG), Sachsen-Anhalt (§ 8 AG) und Schleswig-Holstein (§ 6 AG). In NRW ist § 5 Abs. 2 AGVwGO NRW zum 01.01.2011 weggefallen, so dass Behörden nicht mehr abweichend von § 78 Abs. 1 Nr. 1 VwGO Klagegegner sein können! In **NRW** gilt damit das *Rechtsträgerprinzip:* Klagegegner ist die Körperschaft der Behörde, die gehandelt hat, z.B. der Landkreis.

[40] Die Zuständigkeit in den übrigen Bundesländern ergibt sich aus §§ 46 II, 48 LBO **BaWü**; Art. 53 I LBO **Bay**; § 58 I LBO **Berl**; § 57 LBO **Brbg**; § 57 LBO **Brem**; § 58 **HBauO**; § 60 LBO **Hess**; § 57 I LBO **MV**; § 57 LBO **Nds**; §§ 58 I, 60 LBO **RhPf**; §§ 58 I LBO **Saarl**; § 57 I LBO **Sachs**; § 56 LBO **SA**; § 58 LBO **SH**; §§ 59 I, 57 LBO **Thür**.

II. Materielle Rechtmäßigkeit

1. Ermächtigungsgrundlage

Als Ermächtigungsgrundlage, auf die L die Beseitigungsanordnung stützen konnte, kommt die jeweilige Landes-
BauO[41] in Betracht. Danach kann die Bauaufsichtsbehörde
die teilweise oder vollständige Beseitigung der Anlagen an-
ordnen, wenn Anlagen im Widerspruch zu öffentlich-rechtlichen Vorschriften errichtet werden, sofern nicht auf andere
Weise rechtmäßige Zustände herzustellen sind.

a) Anlage

Dann müsste es sich bei der von B errichteten Einfriedung
um eine Anlage im bauordnungsrechtlichen Sinne handeln.
Nach § bzw. *Art.* 2 I BauO sind Anlagen mit dem Erdboden
verbunden und aus Bauprodukten hergestellt. Die Einfriedung wurde aus gekanteten Betonpfeilern und kunststoffummanteltem Maschendraht errichtet. Somit liegt eine Anlage i. S. d. § bzw. *Art.* 2 I BauO vor.

b) Im Widerspruch zu öffentlich-rechtlichen Vorschriften

Fraglich ist, ob die Errichtung der Einfriedung im Widerspruch zu öffentlich-rechtlichen Vorschriften steht.

aa) Formelle Rechtswidrigkeit

Die Errichtung der Einfriedung verlangt gemäß der Landes-
BauO[42] eine Genehmigung, war also genehmigungs-

---

[41] § 65 S. 1 LBO **BaWü**; Art. 76 S. 1 LBO **Bay**; § 80 LBO **Berl**; § 80 LBO **Brbg**;
§ 79 LBO **Brem**; § 76 I 1 HBauO; § 82 I 1 I LBO **Hess**; §§ 58 I 1, 80 I LBO **MV**;
§ 79 I S.2 Nr. 4 LBO **Nds**; § 82 S.1 LBO **NW**; §§ 59 I 1, 81 LBO **RhPf**; §§ 57 II 2,
82 I LBO **Saarl**; §§ 58 II 2, 80 LBO **Sachs**; § 79 LBO **SA**; § 59 II Nr. 3 LBO **SH**; §
79 LBO **Thür**.
[42] § 49 LBO **BaWü**; Art. 55 LBO **Bay**; § 59 LBO **Berl**; § 59 LBO **Brbg**; § 59 LBO
Brem; § 59 HBauO; § 62 LBO **Hess**; § 59 LBO **MV**; § 59 LBO **Nds**; § 60 LBO **NW**;
§ 61 LBO **RhPf**; § 60 LBO **Saarl**; § 59 LBO **Sachs**; § 58 LBO **SA**; § 62 LBO **SH**;
§ 59 LBO **Thür**.

bedürftig. § 62 I Nr. 7 a) BauO NW war nicht einschlägig[43]. B hätte also durch Stellung eines Bauantrags das erforderliche Genehmigungsverfahren in Gang bringen müssen. Mit Bescheid vom 01.02. ist B vom Landrat ein Vorbescheid erteilt worden, den B beantragt hatte. Fraglich ist, ob B aufgrund dieses Vorbescheids berechtigt war, die Einfriedung zu errichten.

Eine Regelung des Vorbescheids findet sich in der jeweiligen LandesBauO[44]. Nach dieser Vorschrift kann vor der Einreichung des Bauantrags auf schriftlichen Antrag des Bauherrn zu einzelnen Fragen vorweg ein schriftlicher Bescheid erteilt werden. Ein Vorbescheid ist demnach eine zwar verbindliche, aber befristete hoheitliche Erklärung, dass einem Vorhaben in bestimmter Hinsicht nach dem zur Zeit der Entscheidung geltenden öffentlichen Recht keine Hindernisse entgegenstehen. Dem Vorbescheid mangelt es jedoch an der Gestaltungswirkung, wie sie der Baugenehmigung als Vollgenehmigung[45] oder als Teilbaugenehmigung[46] zu eigen ist. Dies bedeutet aber, dass B auf keinen Fall mit der Errichtung der Einfriedung beginnen durfte, bevor ihm nicht eine Baugenehmigung erteilt wurde. Somit war die Einfriedung formell baurechtswidrig (formelle Illegalität).

---

[43] Regelungen über die Befreiung von der Genehmigungspflicht für Einfriedungen richten sich in den übrigen Bundesländern nach § 49 i. V. m. Anh. LBO **BaWü**; Art. 57 I Nr. 6 LBO **Bay**; § 61 LBO **Berl**; §§ 61 LBO **Brbg**; § 61 I Nr. 6 LBO **Brem**; § 60 i. V. m. Anlage 2 **HBauO**; § 63 i. V. m. Anlage I. 7.1 LBO **Hess**; § 61 I Nr. 6 LBO **MV**; § 60 i. V. m. Anh. LBO **Nds**; § 62 I Nr. 6 LBO **RhPf**; § 61 I Nr. 6 LBO **Saarl**; § 61 I Nr. 6 LBO **Sachs**; § 60 I Nr. 6 LBO **SA**; § 63 I Nr. 6 LBO **SH**; § 60 I Nr. 7 LBO **Thür**.

[44] § 57 LBO **BaWü**; Art. 71 LBO **Bay**; § 75 LBO **Berl**; § 75 LBO **Brbg**; § 75 LBO **Brem**; § 63 **HBauO**; § 76 LBO **Hess**; § 75 LBO **MV**; § 73 LBO **Nds**; § 77 LBO **NW**; § 72 LBO **RhPf**; § 76 LBO **Saarl**; § 75 LBO **Sachs**; § 74 LBO **SA**; § 66 LBO **SH**; § 74 LBO **Thür**.

[45] § 58 LBO **BaWü**; Art. 68 LBO **Bay**; § 71 LBO **Berl**; § 72 LBO **Brbg**; § 72 LBO **Brem**; § 72 **HBauO**; § 74 LBO **Hess**; § 72 LBO **MV**; § 70 LBO **Nds**; § 74 LBO **NW**; § 70 LBO **RhPf**; § 73 LBO **Saarl**; § 72 LBO **Sachs**; § 71 LBO **SA**; § 73 LBO **SH**; § 71 LBO **Thür**.

[46] § 61 LBO **BaWü**; Art. 70 LBO **Bay**; § 74 LBO **Berl**; § 74 LBO **Brbg**, § 74 LBO **Brem**; § 72 V **HBauO**; § 77 LBO **Hess**; § 74 LBO **MV**; § 70 III,IV LBO **Nds**; § 76 LBO **NW**; § 73 LBO **RhPf**; § 75 LBO **Saarl**; § 74 LBO **Sachs**; § 73 LBO **SA**; § 74 LBO **SH**; § 73 LBO **Thür**.

bb) Materielle Baurechtswidrigkeit

Die jeweilige Ermächtigungsgrundlage aus der Landes-BauO[47] ist jedoch in Konkretisierung des Verhältnismäßigkeitsgrundsatzes so zu verstehen, dass eine Beseitigung nur dann angeordnet werden kann, wenn nicht auf andere Weise rechtmäßige Zustände hergestellt werden können. Dies könnte dadurch geschehen, dass die Bauaufsichtsbehörde mit dem Verlangen an B herantritt, dass ein Bauantrag[48] gestellt wird. Mit dieser Vorschrift wird der Gesetzgeber der Eigentumsgarantie des Art. 14 GG gerecht, die auch die Auslegung der in *Fußnote 47* genannten Vorschrift beeinflusst. Deswegen verbietet sich eine Beseitigungsanordnung wegen (nur) formeller Illegalität; eine Beseitigungsanordnung trotz materieller Rechtmäßigkeit, d. h. Genehmigungsfähigkeit, würde gegen die in *Fußnote 47* genannte Ermächtigungsgrundlage verstoßen. Es ist also zu prüfen, ob die Einfriedung mit den Vorschriften des materiellen Baurechts übereinstimmt.

(a) Verstoß gegen Vorschriften des BauGB und der BauO

Die Frage nach der materiellen Rechtmäßigkeit ist anhand der Vorschriften des BauGB hinsichtlich der planungsrechtlichen Zulässigkeit und der LandesBauOen bezüglich der bauordnungsrechtlichen Zulässigkeit zu beantworten. Das Vorhaben des B widerspricht den Festlegungen im Bebauungsplan, da das Flurstück „Klingelbach" als Sondergebiet „Behindertenzentrum" (vgl. §§ 1 III, 11 BauNVO)

---

[47] §§ 47 I 2, 65 LBO **BaWü**; Art. 76 S. 1 LBO **Bay**; § 80 LBO **Berl**; § 80 LBO **Brbg**; § 79 LBO **Brem**; §§ 58 I 2, 76 I 1 **HBauO**; § 82 I 1 LBO **Hess**; §§ 58 I 1, 80 I LBO **MV**; § 79 I Nr. 4 LBO **Nds**; § 82 S.1 LBO **NW**; §§ 59 I 1, 81 LBO **RhPf**; §§ 57 II 2, 82 I LBO **Saarl**; §§ 58 II 2, 80 LBO **Sachs**; § 79 **SA**; § 59 LBO **SH**; § 79 LBO **Thür**.
[48] § 53 LBO **BaWü**; Art. 64 LBO **Bay**; § 68 LBO **Berl**; § 68 LBO **Brbg**; § 68 LBO **Brem**; § 70 **HBauO**; § 69 LBO **Hess**; § 68 LBO **MV**; § 67 LBO **Nds**; § 70 LBO **NW**; § 63 LBO **RhPf**; § 69 LBO **Saarl**; § 68 LBO **Sachs**; § 67 LBO **SA**; § 64 LBO **SH**; § 67 LBO **Thür**.

ausgewiesen wurde. Allerdings ist auch die Rechtslage zum Zeitpunkt der Einfriedung zu berücksichtigen[49].

Das Vorhaben des B könnte gem. § 33 BauGB planungsrechtlich zulässig gewesen sein. Diese Vorschrift begründet lediglich einen zusätzlichen Zulässigkeitstatbestand, der erst dann eingreift, wenn das Vorhaben nicht bereits nach den Vorschriften der §§ 30, 34 oder 35 BauGB zulässig ist. Es wäre folglich zunächst zu prüfen, ob sich die Zulässigkeit des Vorhabens aus den genannten Vorschriften ergibt und erst dann, wenn diese Tatbestände nicht erfüllt sind, zu untersuchen, ob § 33 BauGB einen Anspruch auf Zulassung des Vorhabens gewährt.

Die Anwendung des § 30 BauGB scheidet von vornherein aus, da noch kein Bebauungsplan erlassen war. Das Flurstück „Am Klingelbach" dürfte auch nicht in einem im Zusammenhang bebauten Ortsteil i. S. d. § 34 BauGB liegen. Mangels entsprechender Hinweise im Sachverhalt kann die bauplanungsrechtliche Zulässigkeit nach § 35 BauGB auch nicht abschließend beurteilt werden. Die planungsrechtliche Zulässigkeit ergibt sich aber aus dem subsidiär zur Anwendung gelangenden § 33 BauGB. Die Erschließung für das Grundstück des B ist gesichert; B hat die Festsetzungen des Bebauungsplans für sich und seine Rechtsnachfolger schriftlich anerkannt.

(b) Bindung an die Feststellungen des Bebauungsplans

Problematisch könnte allerdings sein, dass der Landrat bei der Beurteilung der materiellen Rechtslage im Vorbescheid Feststellungen getroffen hat, an die er unter Umständen gebunden ist.

---

[49] Bei Anfechtungsklagen gegen Beseitigungsanordnungen ist als Vorfrage zu entscheiden, ob die Anlage zu irgendeiner Zeit des Bestandes mit den öffentlich-rechtlichen Vorschriften vereinbar war, vgl. BVerwGE 3, 351 und DVBl. 1965, 280.

Ob dies der Fall ist, d. h., ob trotz nachträglicher Änderung der Rechtslage durch den Erlass des Bebauungsplans die Frage der planungsrechtlichen Zulässigkeit nicht von der Beurteilung im Vorbescheid abweichen darf, richtet sich nach der Rechtsnatur des Vorbescheids. Diese wird unterschiedlich beurteilt:

- Zum Teil wird in der Literatur[50] und von einigen Oberverwaltungsgerichten[51] der Ansicht vom Wegfall der Bindungswirkung auch für den Vorbescheid gefolgt.

- Nach der Rechtsprechung des BVerwG[52] ist der Vorbescheid eine vorgezogene Entscheidung über Teilfragen der späteren Baugenehmigung.

Der zuletzt genannten Auffassung ist zu folgen, da eine andere Einschätzung dem verfassungsrechtlichen Vertrauensschutz zuwiderliefe. Zudem führt der stärkere Schutz für den Bauherrn wie auch für den Drittbetroffenen zu größerer Klarheit und besserem Rechtsschutz. Im Ergebnis kann für den vorliegenden Teil also eine Bindungswirkung für die später tätig werdende Genehmigungsbehörde und auch für die eine Beseitigung anordnende Behörde angenommen werden. Der Landrat durfte die materielle Rechtslage nur wie im Vorbescheid festgestellt beurteilen.

Bauordnungsrechtliche Gesichtspunkte, die der Einfriedung widersprechen könnten, sind nicht ersichtlich. Der Landrat stützt sich in der Begründung der Beseitigungsanordnung auch nur auf bauplanungsrechtliche Gesichtspunkte.

Damit war die Einfriedung zum Zeitpunkt ihrer Errichtung materiell rechtmäßig. Eine Beseitigungsanordnung scheidet aus.

---

[50] Vgl. Selmer-Schulze-Osterloh, JuS 1981, 395 m.w.N.
[51] Vgl. z. B. OVG Lüneburg, BRS 29, Nr. 119.
[52] BVerwGE 48, 244.

III. Rechtsverletzung

Durch die rechtswidrige Beseitigungsanordnung wurde B auch in seinem subjektiven Recht aus Art. 14 GG verletzt. Die Klage ist mithin begründet.

C. Ergebnis

Die Klage des B ist zulässig und begründet und hat daher Aussicht auf Erfolg.

Fall 14: Licht in der Finsternis

▸ **Standort:** Bauordnungsrecht; Errichtung eines Schwarzbaus; Voraussetzungen einer Nutzungsuntersagung; Rechtsbehelfe

Der ehemalige Religionslehrer R widmet sich seit Jahren gemeinsam mit seiner Ehefrau E ausschließlich der von ihm ins Leben gerufenen Glaubensgemeinschaft „Licht in der Finsternis", deren zentrales Anliegen darin besteht, die Menschheit von dem bevorstehenden Weltuntergang zu überzeugen und darauf entsprechend vorzubereiten. „Licht in der Finsternis" erfreut sich inzwischen in Deutschland und im europäischen Ausland einer treuen Anhängerschaft, die kontinuierlich zunimmt. R bietet Seminare an, in denen er den Teilnehmern Anleitungen gibt, wie sie ihr Leben ordnen und mit sich „ins Reine kommen", um im Zeitpunkt des Weltuntergangs gelassen mit ihrem Leben abschließen zu können. Durch choralartige Gesänge, die sog. „Lichtgesänge", die in den aus 25 Teilnehmern bestehenden Gruppen dreimal am Tag zelebriert werden, soll die Angst vor dem bald nahenden Ende vertrieben werden. Bislang hat R diese Seminare, die 2-5 Tage dauern, in einem angemieteten Raum veranstaltet; die Teilnehmer haben in einer Pension in der Nähe übernachtet.

Aufgrund der wachsenden Nachfrage überlegt R, in der nordrhein-westfälischen Gemeinde G, in der er gemeinsam mit E lebt, ein Haus zu bauen, das den Seminarteilnehmern zugleich eine Übernachtungsmöglichkeit bietet. Er ist der Ansicht, dass auf diese Weise das Gemeinschaftsgefühl noch erheblich gesteigert würde, da man auch außerhalb der Seminarzeiten noch Gelegenheit zum Gespräch habe. Da R befürchtet, dass ein solches Vorhaben in G nicht gern gesehen würde und um lange Wartezeiten zu umgehen, schafft er Fakten: ohne vorherige Genehmigung baut er ein dreigeschossiges Gebäude, bestehend aus 30 Schlafräumen im Erdgeschoss und im 1. Stockwerk, Seminarräumen, einer Küche und einem Waschraum mit Toiletten im 2. Stockwerk, das er „Haus des Lichts" nennt. Das Gebiet, in dem R das Gebäude errichtet hat, ist durch einen bestehenden Bebauungsplan als reines Wohngebiet ausgewiesen. Die Gedanken an die Entstehung eines Zentrums für „Licht in der Finsternis" – einer regelrechten Pilgerstätte – lassen bei R keine Zweifel an der Richtigkeit seines Verhaltens aufkommen. Er fühlt sich von einem „großen weltumspannenden Plan" gelenkt; man müsse etwas riskieren, wenn man auf der Welt sei, um eine Aufgabe zu erfüllen.

Als sich bei der zuständigen Behörde die Beschwerden über die Errichtung des „Hauses des Lichts", vor allem über die davon ausgehenden Lärmbelästigungen, häufen, verbietet diese mit Bescheid vom 10.05. die Nutzung des Gebäudes. Zur Begründung wird ausgeführt, dass ein solches Gebäude mangels Baugenehmigung unzulässig und im Hinblick auf die vorhandene Bebauung auch nicht genehmigungsfähig sei. Ferner werde gegen die städtebauliche Ordnung verstoßen. R versteht die ganze Aufregung nicht.

Um die Behörde „zu missionieren", erhebt er nach erfolglosem Widerspruch Klage vor dem zuständigen Verwaltungsgericht. Wird er Erfolg haben?

A. Zulässigkeit (+)
  I. Eröffnung des Verwaltungsrechtswegs (§ 40 I 1 VwGO) (+)
  II. Statthafte Klageart: Anfechtungsklage nach § 42 I, 1. Alt. VwGO (+)
  III. Klagebefugnis, § 42 II VwGO (+)
  IV. Vorverfahren (+); entbehrlich in NRW und Bayern
  V. Klagefrist / -form (+)
  VI. Beteiligtenfähigkeit (+)
  VII. Klagegegner (§ 78 VwGO)
B. Begründetheit (+)
  I. Rechtsgrundlage
  II. Formelle Illegalität (+)
  III. Materielle Illegalität: str., ob erforderlich
C. Ergebnis

Die Klage des R müsste, um Aussicht auf Erfolg zu haben, zulässig und begründet sein.

A. Zulässigkeit

I. Eröffnung des Verwaltungsrechtswegs (§ 40 I 1 VwGO)

Damit der Verwaltungsrechtsweg nach § 40 I 1 VwGO eröffnet ist, müsste es sich um eine öffentlich-rechtliche Streitigkeit nichtverfassungsrechtlicher Art handeln. Die streitentscheidenden Normen der LBO und des BauGB sind solche des öffentlichen Rechts. Eine beiderseitige Verfassungsunmittelbarkeit liegt nicht vor. Somit handelt es sich um eine öffentlich-rechtliche Streitigkeit nichtverfassungsrechtlicher Art. Der Verwaltungsrechtsweg ist nach § 40 I 1 VwGO eröffnet.

II. Statthafte Klageart

Die statthafte Klageart richtet sich nach dem Klagebegehren (§ 88 VwGO). Vorliegend setzt R sich gegen die ihm erteilte Nutzungsuntersagung zur Wehr. Diese ist unstreitig als VA i. S. d. § 35 S. 1 VwVfG zu qualifizieren, so dass R sein Klagebegehren - die Aufhebung der Nutzungsuntersagung - mit der Anfechtungsklage nach § 42 I, 1. Alt. VwGO erreichen kann.

III. Klagebefugnis, § 42 II VwGO

R müsste gemäß § 42 II VwGO klagebefugt sein. Er muss substantiiert geltend machen können, durch den VA in seinen Rechten verletzt zu sein und diese Rechtsverletzung muss zumindest möglich erscheinen (Möglichkeitstheorie). R ist Adressat eines belastenden VA's, so dass nach der *sog. Adressatentheorie* die Möglichkeit besteht, dass er zumindest in seinem Recht aus Art. 2 I GG verletzt ist.

IV. Vorverfahren (§§ 68 ff. VwGO)

Laut Sachverhalt wurde von R ein - in manchen Bundesländern entbehrliches[53] - Vorverfahren gemäß §§ 68 ff. VwGO erfolglos durchgeführt.

V. Klagefrist/-form

R müsste die Klage gem. § 74 I VwGO fristgerecht und nach §§ 81, 82 VwGO ordnungsgemäß erhoben haben. Mangels gegenteiliger Angaben im Sachverhalt ist davon auszugehen, dass dies hier der Fall ist.

VI. Beteiligtenfähigkeit

R ist als natürliche und geschäftsfähige Person gem. §§ 61 Nr. 1, 62 I Nr. 1 VwGO beteiligten- und prozessfähig.

VII. Klagegegner (§ 78 VwGO)

Je nachdem, ob der Landesgesetzgeber die Bestimmung des § 78 I Nr. 2 VwGO umgesetzt hat oder nicht, ist richtiger Klagegegner gemäß § 78 I Nr. 1 VwGO die Körperschaft, deren Behörde für den Erlass des VA zuständig war[54].

---

[53] Entbehrlich ist das Vorverfahren in NRW (§ 110 Justizgesetz NRW) und Bayern (Art. 15 AG VwGO), nicht aber in Niedersachsen (§ 80 II 1 Nr. 4a JustizG).

[54] Von der Ermächtigung des § 78 I Nr. 2 VwGO haben folgende Länder Gebrauch gemacht: allgemein die Länder Mecklenburg-Vorpommern (§ 14 I AGGerStrG) und das Saarland (§ 17 II AG); mit Ausnahme von Klagen i. S. d. § 52 Nr. 4 VwGO die Länder Brandenburg (§ 8 II VwGO); nur für Landesbehörden die Länder Niedersachsen (§ 79 JustizG), Sachsen-Anhalt (§ 8 AG) und Schleswig-Holstein (§ 6 AG). In NRW ist § 5 Abs. 2 AGVwGO NRW zum 01.01.2011 weggefallen, so dass Behörden nicht mehr abweichend von § 78 Abs. 1 Nr. 1 VwGO Klagegegner sein können! In **NRW** gilt damit das *Rechtsträgerprinzip*: Klagegegner ist die Körperschaft der Behörde, die gehandelt hat.

Die Klage des R ist zulässig.

B. Begründetheit

Die Klage des R ist gemäß § 113 I 1 VwGO begründet, wenn die Nutzungsuntersagung rechtswidrig und R dadurch in seinen Rechten verletzt ist.

I. Rechtsgrundlage

Als Rechtsgrundlage für den Erlass einer Nutzungsuntersagung kommt die jeweilige Vorschrift aus der Landes-BauO[55] i. V. m. § 30 I BauGB, §§ 3 II, 15 I, 1 III 2 BauNVO in Betracht. Danach müsste das „Haus des Lichts" im Widerspruch zu öffentlich-rechtlichen Vorschriften errichtet worden sein.

II. Formelle Illegalität

Die Errichtung eines Gebäudes, das ausschließlich der Veranstaltung von Seminaren und dem hotelähnlichen Übernachten von Menschen in einem reinen Wohngebiet dient, ist nach der LandesBauO[56] i. V. m. § 2 der LandesBauO grundsätzlich genehmigungspflichtig. Auch ein verfahrensfreies Vorhaben[57] scheidet hier aus. R hat im vorliegenden Fall keine Baugenehmigung für das „Haus des Lichts" eingeholt und damit gegen das Genehmigungserfordernis verstoßen. Die Errichtung des Gebäudes ist *formell* illegal.

---

[55] § 65 S. 2 LBO **BaWü**; Art. 76 S. 2 LBO **Bay**; § 80 S. 2 LBO **Berl**; § 80 I 2 LBO **Brbg**; § 79 I 2 LBO **Brem**; § 76 I 2 LBO **HH**; § 82 I 2 LBO **Hess**; § 80 II LBO **MV**; § 79 I 2 LBO **Nds**; § 82 S. 2 LBO **NW**; § 81 LBO **RhPf**; § 82 II LBO **Saarl**; § 80 LBO **Sachs**; § 79 LBO **SA**; § 59 II Nr. 4 LBO **SH**; § 79 I 2 LBO **Thür**.

[56] § 49 LBO **BaWü**; Art. 55 LBO **Bay**; § 59 LBO **Berl**; § 59 LBO **Brbg**; § 59 LBO **Brem**; § 59 HBauO; § 62 LBO **Hess**; § 59 LBO **MV**; § 59 LBO **Nds**; § 60 LBO **NW**; § 61 LBO **RhPf**; § 60 LBO **Saarl**; § 59 LBO **Sachs**; § 58 LBO **SA**; § 62 LBO **SH**; § 59 LBO **Thür**.

[57] §§ 50 und 51 LBO **BaWü**; Art. 57 f. LBO **Bay**; § 61 LBO **Berl**; §§ 60-62 **Brbg**; §§ 61 ff. LBO **Brem**; § 60 HBauO; §§ 63 ff. LBO **Hess**; §§ 61 ff. LBO **MV**; §§ 60, 62 LBO **Nds**; §§ 61 ff. LBO **NW**; §§ 62, 67 LBO **RhPf**; §§ 61-63 LBO **Saarl**; §§ 61 f. 76 LBO **Sachs**; §§ 60 f. LBO **SA**; § 63 LBO **SH**; §§ 60, 61 LBO **Thür**.

III. Materielle Illegalität

Ob für eine **Nutzungsuntersagung** allein die **formelle Illegalität** ausreicht oder ob zusätzlich zu fordern ist, dass das Vorhaben auch **materiell** nicht mit den öffentlich-rechtlichen Bauvorschriften vereinbar ist, ist umstritten:

- Nach überwiegender Ansicht reicht bereits die formelle Illegalität aus. Der eine Anlage unerlaubt Nutzende werde lediglich in die formellen Schranken des Baurechts verwiesen, ohne dass Vermögenswerte vernichtet würden. Seine Eigentumsinteressen müsse er im Genehmigungsverfahren verfolgen. Folgt man dieser Ansicht, ist vorliegend eine Nutzungsuntersagung möglich.

- Die Gegenansicht verlangt mit Rücksicht auf den durch Art. 14 I GG gewährleisteten Bestandsschutz stets auch die materielle Illegalität. Durch die Nutzungsuntersagung könne das Eigentum des Betroffenen ebenso entwertet werden wie bei einer Beseitigungsanordnung. Außerdem sei ein Nutzungsverbot bei nur formeller Illegalität nicht nur im Einzelfall, sondern generell unverhältnismäßig, da durch eine Genehmigung oder im Falle einer bloßen Anzeigepflicht durch Nachholen des entsprechenden Verfahrens auf einfacherem Wege rechtmäßige Zustände herbeigeführt werden könnten. Folgt man dieser Ansicht, kommt es im vorliegenden Fall darauf an, ob das Vorhaben mit den öffentlich-rechtlichen Bauvorschriften vereinbar ist.

Es ist daher zu prüfen, ob auch ein materiell-rechtlicher Verstoß vorliegt. Das von R errichtete Gebäude könnte gegen § 30 I BauGB i. V. m. §§ 3, 15, 1 III 2 BauNVO verstoßen und damit bauplanungsrechtlich unzulässig sein.

Dann dürfte das „Haus des Lichts" in einem reinen Wohngebiet nicht zulässig sein. Laut Sachverhalt liegt ein einfacher Bebauungsplan vor. Nach § 30 I BauGB sind die Festsetzungen dieses Bebauungsplans zu prüfen.

Der Bebauungsplan legt ein reines Wohngebiet fest. Die Zulässigkeit von Vorhaben in reinen Wohngebieten richtet sich nach § 3 BauNVO, der nach § 1 III 2 BauNVO Bestandteil des Plans ist. Gemäß § 3 II Nr. 1 BauNVO sind in reinen Wohngebieten zwar „Wohngebäude" zulässig. Das von R errichtete Gebäude dient aber nur dem kurzfristigen Verweilen von Menschen für die Dauer der Seminare (2-5 Tage). Es fehlt dem Verweilen mithin eine gewisse Wohndauer, so dass es nicht die Voraussetzungen eines Wohnhauses erfüllt. Folglich ist das „Haus des Lichts" in einem reinen Wohngebiet unzulässig.

Auch eine Genehmigungsfähigkeit nach § 31 I BauGB i. V. m. §§ 3 III, 1 V BauNVO kommt hier nicht in Betracht, da der Bebauungsplan keine solche Ausnahme enthält. Eine Befreiung nach § 31 II Nr. 1, 2 und 3 BauGB scheidet ebenfalls aus, da R nur private Interessen verfolgt.

Außerdem würde das von R errichtete Gebäude die städtebauliche Ordnung stören, so dass die städtebauliche Vertretbarkeit ausscheidet. Schließlich sind keine Anhaltspunkte erkennbar, dass die Durchführung des Bebauungsplans zu einer offenbar nicht beabsichtigten Härte führen würde. Damit ist die Nutzung des Gebäudes nicht nur formell, sondern auch materiell illegal.

Da sowohl die formelle als auch die materielle Illegalität gegeben ist, muss der Streit hier nicht entschieden werden.

Die Nutzungsuntersagung war daher rechtmäßig.

Anmerkung: In der Praxis ist der Unterschied der vorgenannten Auffassungen gering. Auch diejenigen, die allein die formelle Illegalität ausreichen lassen, berücksichtigen eine etwaige (offensichtliche) materielle Illegalität im Rahmen des Ermessens und der Verhältnismäßigkeit. Umgekehrt lassen auch diejenigen, die zusätzlich die materielle Illegalität verlangen, ausnahmsweise die formelle Baurechtswidrigkeit ausreichen, wenn die Feststellung der materiellen Rechtmäßigkeit des Bauvorhabens Schwierigkeiten bereitet.

C. Ergebnis

Die Klage des R ist zulässig, aber unbegründet. Sie hat keine Aussicht auf Erfolg.

Fall 15: Pack' die Badehose ein

▸**Standort:** Bauordnungsrecht; Voraussetzungen einer Beseitigungsanordnung (Schwerpunkt: materielle Illegalität)

Rentner R ist Eigentümer eines an einem Badesee gelegenen Grundstücks, auf welchem er vor Jahren zunächst ein Wochenendhaus, anschließend noch eine kleine Boots- und Badehütte errichtet hatte. Das Grundstück ist außerhalb eines Wohngebiets der Gemeinde G gelegen und fällt nicht in den Geltungsbereich eines Bebauungsplans. Da vor allem die Boots- und Badehütte witterungsbedingt im Laufe der Zeit heruntergekommen war, überlegte R sich, diese im Frühjahr 2020 wieder in Schuss zu bringen. Die Hütte besteht aus einem Bootsunterstellplatz für das kleine Motorboot des R, einem Aufenthaltsraum und einem Eingangsbereich und wurde seinerzeit bauaufsichtlich genehmigt. In der Zeit von Februar bis Mai 2020 führte R an dem Gebäude verschiedene Umbauarbeiten durch, ohne die äußeren Ausmaße zu verändern. Er erneuerte den Boden der Hütte, indem er diesen mit einem neuen Belag versah, deckte das Dach neu ein und isolierte die Seitenwände.

Außerdem verlegte er in der Hütte eine Strom- und Wasser-leitung und trennte einen Teil der Hütte ab, in dem er einen kleinen Abstellraum und eine Toilette mit Waschgelegenheit errichtete. Um im Laufe der Zeit noch eine kleine Küche einzubauen, installierte er hierfür bereits Anschlüsse.

Als der Landrat des Kreises K Kenntnis von den Umbauar-beiten des R erlangte, ordnete die untere Bauaufsichts-behörde die Beseitigung der baulichen Veränderungen an.

R kann nicht fassen, dass er in seiner Hütte nicht tun und lassen kann, was er will und legt Widerspruch[58] gegen die Beseitigungsanordnung ein, in dem er unter anderem aus-führt, dass er die bauaufsichtlich genehmigte Hütte lediglich modernisiert habe, ohne hierdurch in das Landschaftsbild einzugreifen. Solche Umbaumaßnahmen seien seine Ange-legenheit, schließlich genieße die vor Jahren errichtete Hütte Bestandsschutz.

R lässt von seinem Anwalt A überprüfen, ob die Beseiti-gungsanordnung rechtmäßig war. Zu welchem Ergebnis wird A gelangen?

Hinweis: Die Genehmigungsbedürftigkeit des Vorhabens ist zu unterstellen.

I. Rechtsgrundlage
II. Formelle und materielle Illegalität
  1. Formelle Illegalität (+)
  2. Materielle Illegalität
    § 35 BauGB
    a) Privilegierung nach § 35 I BauGB (-)
    b) Bestandsschutz (-)
    aa) § 35 IV BauGB (-)
    bb) Art. 14 GG (-)
    c) § Verstoß gegen § 35 II, III Nr. 7 BauGB (+)
III. Ergebnis

---

[58] Das Widerspruchsverfahren ist entbehrlich in NRW und Bayern, nicht aber in Niedersachsen (§ 80 II 1 Nr. 4a JustizG).

I. Rechtsgrundlage

Als Rechtsgrundlage für den Erlass einer Beseitigungsanordnung kommt die jeweilige Vorschrift aus der Landes-
BauO[59] in Betracht.

II. Formelle und materielle Illegalität

Entscheidend ist, ob die von R an der Boots- und Badehütte
vorgenommenen baulichen Veränderungen im Widerspruch
zu öffentlich-rechtlichen Vorschriften stehen. Dies ist der
Fall, wenn die baulichen Maßnahmen des R formell und
materiell illegal gewesen sind.

1. Formelle Illegalität

Die Umbaumaßnahmen des R bedurften laut Sachverhalt
einer Baugenehmigung. Da R sein Vorhaben realisierte,
ohne vorher eine entsprechende Baugenehmigung zu beantragen, ist das Vorhaben formell illegal.

2. Materielle Illegalität

Ferner müssten die Umbauarbeiten des R materiell illegal
sein.

§ 35 BauGB

Die materielle Illegalität könnte sich aus der Verletzung des
§ 35 BauGB ergeben.

a) Privilegierung

Das Vorhaben des R liegt im Außenbereich und ist nicht
nach § 35 I BauGB privilegiert.

---

[59] § 65 S. 1 LBO **BaWü**; Art. 76 S. 1 LBO **Bay**; § 80 LBO **Berl**; § 80 LBO **Brbg**;
§ 79 LBO **Brem**; § 76 I 1 **HBauO**; § 82 I 1 LBO **Hess**; §§ 58 I 1, 80 I LBO **MV**; § 79
I S.2 Nr. 4 LBO **Nds**; § 82 S. 1 LBO **NW**; §§ 59 I 1, 81 LBO **RhPf**; §§ 57 II 2, 82 I
LBO **Saarl**; §§ 58 II 2, 80 LBO **Sachs**; § 79 LBO **SA**; § 59 II Nr. 3 LBO **SH**; § 79
LBO **Thür**.

114

b) Bestandsschutz

Die bereits vor Jahren errichtete Hütte könnte allerdings Bestandsschutz genießen.

aa) § 35 IV BauGB

Bestandsschutz nach § 35 IV BauGB kann dem R nicht gewährt werden, da die Voraussetzungen der Nrn. 1 - 6 nicht vorliegen.

bb) Art. 14 GG

Allerdings könnte das Vorhaben unter dem Schutz des sog. „erweiterten Bestandsschutzes" stehen. § 35 IV BauGB konkretisiert den Bestandsschutz im Außenbereich jedoch abschließend[60]. Für weitergehende Rechte unmittelbar aus Art. 14 I GG besteht daneben kein Raum.

c) Verstoß gegen § 35 II, III Nr. 7 BauGB

Die Umbauarbeiten des R widersprechen im Übrigen § 35 II, III Nr. 7 BauGB und sind folglich auch materiell baurechtswidrig.

III. Ergebnis

Die Beseitigungsanordnung war also rechtmäßig.

---

[60] Vgl. BVerwGE 106, 228 f.

Fall 16: Darf ein Pächter bauen?

▸**Standort:** Bauordnungsrecht; Versagung einer Baugenehmigung; fehlende Eigentümerstellung; Berücksichtigung eines Zivilurteils

Die Eheleute E betreiben seit mehreren Jahren in der nordrhein-westfälischen Gemeinde G eine kleine Gärtnerei. Seit einigen Monaten bieten sie in einer Ecke ihres Ladens Obst und Gemüse aus ökologischem Anbau an. Da der Landwirt, bei dem sie die Produkte beziehen, in letzter Zeit entweder gar nicht oder mangelhafte Produkte geliefert hat, beschließen die E, selbst in einem zunächst kleinen Umfang Obst und Gemüse anzubauen. Zu diesem Zweck pachten sie von Landwirt L ein Stück Gartenland. Bei Abschluss des Pachtvertrages wird zwischen den Parteien mündlich vereinbart, dass L den E das Grundstück übereignet, sobald dieses als Bauland ausgewiesen würde. Die E planen, auf dem Grundstück ein Gebäude zu errichten, das aus einem Lagerraum für das geerntete Gemüse und einem Verkaufsraum besteht, in dem sie den „Vital-Shop" eröffnen. Hier möchten sie das geerntete Gemüse und Produkte aus dem naturheilkundlichen Bereich verkaufen. Als eine entsprechende Änderung des Bebauungsplans erfolgt, verweigert L den E jedoch die Übereignung, da er ein eigenes Interesse an der Nutzung des nunmehr bebaubaren Grundstücks hat. Außerdem lässt L zugunsten des Nachbarn N, mit dem er befreundet ist, das Grundstück mit einer Grunddienstbarkeit belasten, wonach dieses nicht bebaut werden darf, da N sich einen freien Ausblick von seinem Grundstück aus auf das nahegelegene „Hexenwäldchen" erhalten möchte, der ihm durch eine Bebauung des Grundstücks genommen würde. Die E können nicht fassen, dass L sein Wort gebrochen hat und ihnen die Übereignung des Grundstücks nunmehr verweigert. Sie wollen sich von ihrem Vorhaben nicht abbringen lassen und beantragen eine Baugenehmigung für das von ihnen geplante Gebäude – schließlich seien sie zwar nicht Eigentümer des Grundstücks geworden,

116

doch hätten sie dieses ja immerhin noch gepachtet. Als Nachbar N hiervon erfährt, ist er außer sich, da er seinen schönen Ausblick gefährdet sieht und erwirkt vor dem Zivilgericht ein rechtskräftiges Urteil, in dem festgestellt wird, dass die E nicht bauen dürfen. Die zuständige Bauaufsichtsbehörde ist zwar zunächst unsicher, ob das Zivilurteil überhaupt bei der Entscheidung über einen Bauantrag ausschlaggebend sein kann, lehnt aber schließlich den Bauantrag der E unter Berufung hierauf ab. War die Entscheidung der Bauaufsichtsbehörde materiell rechtmäßig?

Hinweis: Öffentlich-rechtliche Vorschriften standen dem Vorhaben im Übrigen nicht entgegen.

Anspruch der E aus der LandesBauO?
I. Entfällt der Anspruch wegen fehlendem privatrechtlichem Eigentum? (-)
II. Berücksichtigung des von N erwirkten Zivilurteils? (+)

Da nur nach der materiellen Rechtmäßigkeit der Entscheidung der Behörde gefragt ist, ist zu prüfen, ob die E einen Anspruch aus der LBO[61] auf Erteilung der von ihnen beantragten Baugenehmigung haben.

I. Privatrechtliches Eigentum

Zunächst ist zu prüfen, ob der Anspruch der E auf Erteilung der Baugenehmigung nicht allein schon deshalb entfällt, weil sie nicht Eigentümer des betreffenden Grundstücks sind, sondern dieses lediglich von L gepachtet haben. Im Kern geht es hierbei um die Frage, ob die Bauaufsichtsbehörde sich bei ihrer Entscheidung um private Rechte an einem Grundstück kümmern muss, d. h., ob Eigentum am Grundstück oder eine vergleichbare dingliche Grundstücksberechtigung als Voraussetzung vom Bauherrn verlangt werden kann.

---

[61] § 58 LBO **BaWü**; Art. 68 LBO **Bay**; § 71 LBO **Berl**; § 72 LBO **Brbg**; § 72 LBO **Brem**; § 72 HBauO; § 74 LBO **Hess**; § 72 LBO **MV**; § 70 LBO **Nds**; § 74 LBO **NW**; § 70 LBO **RhPf**; § 73 LBO **Saarl**; § 72 LBO **Sachs**; § 71 LBO **SA**; § 73 LBO **SH**; § 71 LBO **Thür**.

Die Bauordnungen der Länder enthalten Regelungen, die bestimmen, dass die Baugenehmigung stets *unbeschadet der privaten Rechte Dritter* erteilt wird (vgl. z. B. § 74 IV BauO NW). Diese landesrechtlichen Vorschriften stellen i. V. m. den sonstigen Normen über die Erteilung der Baugenehmigung eine zulässige Inhaltsbestimmung des Eigentums nach Art. 14 I 2 GG dar. In einer früheren Entscheidung hat das *BVerwG*[62] festgestellt, dass nicht nur Art. 14 I GG, sondern auch Art. 2 I GG die verfassungsrechtliche Grundlage des einfachgesetzlichen Anspruchs auf Erteilung der Baugenehmigung bildet. Somit kann zumindest aus Art. 2 I GG die Grundlage für das Recht auf Stellung eines Bauantrags entnommen werden.

Es wird daher nicht vorausgesetzt, dass der Bauherr als Eigentümer oder in vergleichbarer Weise am Grundstück berechtigt ist. Die zuständige Bauaufsichtsbehörde hat damit private Rechte Dritter an einem Grundstück bei ihrer Entscheidung grundsätzlich nicht zu berücksichtigen.

Allerdings können die Landesbauordnungen zulässigerweise vorsehen, dass bei Bauanträgen von Nichteigentümern die Vorlage einer förmlichen Zustimmung des Eigentümers verlangt werden darf; die Entscheidung hierüber steht im Ermessen der Behörde. Laut Sachverhalt ist der Bauantrag der E jedoch nicht wegen der fehlenden Zustimmungserklärung des L, sondern wegen des von N erwirkten rechtskräftigen Zivilurteils versagt worden.

Anmerkung: Es wäre verfehlt, in der Klausur zunächst umfassend darzulegen, wie die zivilrechtliche Situation in diesem Fall zu bewerten ist (Nichtigkeit der zugrundeliegenden schuldrechtlichen Vereinbarung zwischen den E und L mangels entsprechender Form, §§ 125 S. 1, 311 b I 1 BGB; fehlender Eigentumsübergang), um dann – entsprechend den obigen Ausführungen – zu dem Ergebnis zu gelangen, dass der Bauherr, der eine Baugenehmigung beantragt, nicht Eigentümer des Grundstücks sein muss.

---

[62] Vgl. BVerwGE 42, 115 (117).

Allenfalls kann man in einem Satz darauf verweisen, dass die E nicht Eigentümer des Grundstücks geworden sind, es darauf aber nicht ankommt (wie sich dann aus den nachfolgenden Ausführungen ergibt).

Die fehlende Eigentümerstellung führt mithin nicht von vornherein zum Ausschluss der Antragsberechtigung für die von ihnen begehrte Baugenehmigung.

II. Berücksichtigung des von N erwirkten Zivilurteils

Fraglich ist weiter, ob die Bauaufsichtsbehörde ihrer Entscheidung das von N erwirkte rechtskräftige Zivilurteil zugrunde legen musste oder durfte. Auch hier geht es um die in diesem Fall rechtskräftig titulierten Rechte eines Dritten – die E dürfen wegen einer entsprechenden Grunddienstbarkeit nicht bauen –, die, wie oben ausgeführt, grundsätzlich unberücksichtigt bleiben. Werden allerdings alle privatrechtlichen Beziehungen außer Acht gelassen, hat dies im vorliegenden Fall zur Folge, dass N die E aus der Grunddienstbarkeit in Anspruch nehmen und das rechtskräftige Zivilurteil vollstrecken kann, falls den E die Baugenehmigung erteilt würde. D.h., dass N eine private Rechtsposition erlangt hat, die durch die Baugenehmigung keine Einschränkung erfährt.

Es stellt sich in diesem Zusammenhang die Frage, wie die Bauaufsichtsbehörde sich zu verhalten hat, wenn die Baugenehmigung – wie im hier zu entscheidenden Fall – für den Antragsteller offensichtlich nutzlos ist, da er an deren Verwertung gehindert ist.

Ob die Baugenehmigungsbehörde private Rechte Dritter bei der Entscheidung über den Bauantrag überhaupt nicht berücksichtigen darf, ist **umstritten:**

- In der **Literatur** ist teilweise die Auffassung vertreten worden, die Bauaufsichtsbehörde dürfe private Rechte Dritter nicht berücksichtigen[63].

  Begründet wird diese Auffassung mit dem klaren Wortlaut der bauordnungsrechtlichen Normen, wonach Baugenehmigungen unbeschadet privater Rechte Dritter ergehen. Dies gelte auch für privatrechtliche Erwägungen, wenn sie infolge rechtskräftigen Gerichtsentscheids offenkundig seien. Da der Antragsteller durch die Baugenehmigung *nicht* zum Bauen *verpflichtet* sei, sei diese niemals auf eine Kollision mit zivilrechtlichen Verhältnissen angelegt. Erst die Ausführung des Bauvorhabens könne in Konflikt mit dem privatrechtlich Erlaubten geraten. Dem Sachverhalt sind keine Hinweise auf eine fehlende Übereinstimmung des Bauvorhabens des E mit dem öffentlichen Recht zu entnehmen, so dass nach dieser Auffassung die auf das Zivilurteil gestützte Versagung der Baugenehmigung rechtswidrig wäre.

- Demgegenüber geht die insbesondere von der **Rechtsprechung** vertretene und inzwischen *herrschende Meinung*[64] davon aus, dass die Bauaufsichtsbehörde bei privatrechtlichen Hindernissen zwar nicht *verpflichtet*, wohl aber *berechtigt* sei, die Baugenehmigung zu versagen.

Dieser Auffassung ist aus folgenden Gründen zuzustimmen: Eine Baugenehmigung, auf die an sich ein Anspruch besteht, *kann* dennoch versagt werden, wenn es dem Antragsteller an einem schutzwürdigen *Antrags- oder Sachbescheidungsinteresse fehlt*. Dies ist insbesondere dann

---

[63] Vgl. Schuegraf, NJW 1965, 928 f. (Anm. zu BVerwG, NJW 1965, 928); Menger/ Erichsen, VerwArch 56 (1965), 374 (386); Bartlsperger, DVBl. 1969, 265 (266 f.).
[64] (BVerwGE 20, 124 (Ausgangsfall); BVerwGE 50, 282 (285f.); OVG Saarl., BRS 24 Nr. 97 und BRS 27 Nr. 132; VGH BadWürtt., NVwZ 1995, 563 (564); Schwerdtfeger, DÖV 1966, 494 (496); Ortloff, in: Finkelnburg/ Ortloff, Öffentliches Baurecht, Bd. II, 4. Aufl. (1998), § 8 II 3 b, S. 124.

anzunehmen, wenn der Antragsteller an der Verwertung der Baugenehmigung gehindert und diese für ihn offensichtlich nutzlos ist. Der Antragsteller hat kein schutzwürdiges Interesse an einer Baugenehmigung, die sich – unter Berücksichtigung der privatrechtlichen Situation – überhaupt nicht verwirklichen lässt. In einem solchen Fall ist die Bauaufsichtbehörde berechtigt, die Baugenehmigung allein aus diesem Grunde zu versagen; eine weitergehende Prüfung, ob das Vorhaben im Einklang mit den öffentlich-rechtlichen Vorschriften steht, ist nicht mehr erforderlich.

Die h. M. trägt insgesamt dem Grundsatz der *Einheit der Rechtsordnung* bestmöglich Rechnung, ohne dass die Bauaufsichtsbehörde etwa über ein zivilrechtliches Rechtsverhältnis befinden würde.

Da im hier zu entscheidenden Fall die privatrechtliche Berechtigung der E wegen des rechtskräftigen Zivilurteils gegenüber dem N nicht gegeben ist, hat die Bauaufsichtsbehörde den E zu Recht die von ihnen beantragte Baugenehmigung versagt. Die Entscheidung der Bauaufsichtsbehörde war materiell rechtmäßig.

Fall 17: Die lieben, lieben Nachbarn

▶ **Standort:** Bauordnungsrecht; Nachbarklage

Unternehmer U hat sich im Laufe der Jahre ein beachtliches Vermögen mit seiner Fast-Food-Kette „TexMex" erwirtschaftet, die typisch texanisch-mexikanische Gerichte zu günstigen Preisen anbietet und mittlerweile in allen größeren deutschen Städten vertreten ist. Vor mehreren Jahren hat U sich einen Lebenstraum erfüllt und ein in der Gemeinde G gelegenes 1.000 qm großes Grundstück erworben, auf dem er eine Villa im Stil einer spanischen Finca errichtet hat. Das Grundstück ist mit einer großen Doppelgarage bebaut, außerdem sind zwei weitere Pkw-Stellplätze vorhanden.

Das an das Grundstück des U angrenzende Nachbargrundstück gehört Bauunternehmer B und ist mit einem Einfamilienhaus bebaut. Beide Grundstücke sind nicht beplant, in der näheren Umgebung befinden sich überwiegend Wohngebäude und kleine Einzelhandelsgeschäfte.

U hat sich im Laufe der Zeit mehrere Oldtimer zugelegt; neuerdings begeistert er sich für Motorräder vom Typ Harley-Davidson und hat sich gleich zwei Liebhaberstücke gegönnt. Da die Unterstellmöglichkeiten für seinen Fuhrpark allmählich knapp werden, sein Grundstück aber noch genügend Kapazitäten für die Errichtung weiterer Garagen bietet, beantragt U bei der zuständigen Bauaufsichtsbehörde eine Genehmigung für die Errichtung von sechs weiteren Garagen, die ihm entsprechend gewährt wird.

Als U mit den Bauarbeiten beginnt, ist B verärgert, da er die ewige Prahlerei des U über seine Fahrzeuge schon lange nicht mehr hören kann und nun befürchtet, dass er sich noch mehr Fahrzeuge und Motorräder zulegt, von denen nicht unerhebliche Geruchs- und Lärmbelästigungen ausgehen. Da B weiß, dass U einen „guten Draht" zur Baubehörde hat, unternimmt er zunächst nichts, da er sich keine

Chancen ausrechnet. Als er jedoch nach drei Monaten feststellen muss, dass die Garagen in einer Länge von über acht Metern an sein Grundstück angrenzen und diese ihm in Zukunft die Aussicht von seiner Terrasse versperren, erhebt er doch noch Widerspruch gegen die Baugenehmigung, der mit der Begründung zurückgewiesen wird, U habe die nach der LandesBauO vorgeschriebene Abstandsflächenregelung berücksichtigt. Die Baubehörde führt aus, dass durch die Anordnung der Garagen auch keine unzumutbaren Belästigungen hervorgerufen würden, da die Grundstücke ohnehin an einer stark befahrenen Durchgangsstraße lägen, so dass es durch zusätzlichen An- und Abfahrtsverkehr nicht zu einer wesentlichen Verschlechterung der Immissionssituation käme; die in Wohngebieten zulässigen Immissionswerte würden nicht überschritten.

B erhebt darauf hin Klage vor dem VG, mit der er geltend macht, dass in der näheren Umgebung keinerlei Garagengrundstücke vorhanden seien. Der Stellplatzbedarf des U werde durch die vorhandene Doppelgarage und die zwei weiteren Stellplätze wohl mehr als gedeckt. Wenn U meine, seinen Fuhrpark ständig erweitern zu müssen, müsse er sich um eine anderweitige Unterstellmöglichkeit – etwa durch das Anmieten von Garagen – kümmern. Hat die Klage des B Aussicht auf Erfolg?

A. Zulässigkeit der Klage (+)
 I. Verwaltungsrechtsweg, § 40 I VwGO (+)
 II. Statthaftigkeit (+)
 III. Klagebefugnis, § 42 II VwGO (+)
    Verstoß gegen § 34 BauGB (+)
 IV. Ordnungsgemäß durchgef. Widerspruchsverfahren, § 68 I VwGO (+);
    beachte in NRW § 110 JustG und Art. 15 AG VwGO in Bayern!
B. Begründetheit
 I. Verstoß gegen bauordnungsrechtliche Vorschriften (-)
 II. Verstoß gegen bauplanungsrechtliche Vorschriften (+)
 1. Verletzung des Rücksichtnahmegebotes (-)
 2. Verstoß gegen § 34 II BauGB i. V. m. §§ 4, 12 BauNVO (+)
C. Ergebnis

Die Klage des B müsste, um Aussicht auf Erfolg zu haben, zulässig und begründet sein.

A. Zulässigkeit der Klage

I. Eröffnung des Verwaltungsrechtswegs, § 40 I 1 VwGO

Der Verwaltungsrechtsweg ist für die Streitigkeit auf dem Gebiet des öffentlichen Baurechts gem. § 40 I 1 VwGO eröffnet.

II. Statthaftigkeit

B begehrt die Aufhebung eines ihn belastenden VA's, so dass die Anfechtungsklage gem. § 42 I VwGO statthafte Klageart ist.

Anmerkung: Es handelt sich hier um einen sog. VA mit **Doppelwirkung**: die Baugenehmigung begünstigt den Bauherrn U und belastet zugleich den Nachbarn B.

III. Klagebefugnis, § 42 II VwGO

Ferner müsste B klagebefugt sein, § 42 II VwGO. Das ist der Fall, wenn er geltend machen kann, durch die dem U erteilte Baugenehmigung in seinen subjektiv-öffentlichen Rechten verletzt zu sein. Dann müsste B geltend machen, dass die dem U erteilte Baugenehmigung möglicherweise gegen eine **nachbarschützende Vorschrift** verstößt (*sog. Möglichkeitstheorie*).

Anmerkung: Die Anwendung der *sog. Adressatentheorie* kommt bei der Nachbarklage nicht in Betracht, da der Nachbar nicht unmittelbarer Adressat der Baugenehmigung selbst, sondern nur Adressat einer Ausfertigung der Baugenehmigung ist. Dass die Adressatentheorie bei der Drittanfechtung nicht einschlägig ist, sollte in der Klausur kurz erwähnt werden.

Verstoß gegen § 34 BauGB

Die dem U erteilte Baugenehmigung könnte gegen die bauplanungsrechtliche Regelung des § 34 BauGB verstoßen.

Die Vorschrift hat zwar unmittelbar keine nachbarschützende Funktion, da sie in erster Linie einer geordneten städtebaulichen Entwicklung des unbeplanten Innenbereichs dient, enthält aber ein **Rücksichtnahmegebot**: ein Vorhaben kann sich nach ständiger Rechtsprechung nur dann einfügen, wenn es die gebotene Rücksicht auf die vorhandene Nachbarbebauung nimmt[65].

Dieses Rücksichtnahmegebot entfaltet subjektiv-rechtliche Wirkung, wenn in qualifizierter und zugleich individualisierter Weise auf schutzwürdige Interessen eines erkennbar abgegrenzten Kreises Dritter Rücksicht zu nehmen ist.

Da aufgrund der unmittelbaren Angrenzung an das Grundstück des B ein Verstoß gegen das Rücksichtnahmegebot zumindest möglich ist und B dadurch individuell und in erheblicher Weise betroffen ist, kann auch insoweit die Klagebefugnis gem. § 42 II VwGO bejaht werden.

Diese fehlt nämlich nur dann, wenn unter jedem Blickwinkel eine Verletzung subjektiv-öffentlicher Vorschriften des Klägers ausscheidet.

---

[65] Vgl. BVerwG, ZfBR 1996, 104; BVerwGE 89, 69 (76); 55, (369), 381; OVG NW, NVwZ 1988, 376 (377).

IV. Ordnungsgemäß durchgeführtes Widerspruchsverfahren, § 68 I VwGO

Vor Klageerhebung müsste B in einigen Bundesländern[66] ein Widerspruchsverfahren ordnungsgemäß durchgeführt haben, § 68 I VwGO.

Problematisch könnte in diesem Zusammenhang die Einhaltung der Widerspruchsfrist sein. Ist dem Nachbarn die Baugenehmigung amtlich bekannt gegeben worden, gilt die Monatsfrist des § 70 I VwGO. Im vorliegenden Fall fehlt es an einer solchen amtlichen Bekanntmachung, mit der Folge, dass weder die Frist des § 70 noch die Jahresfrist des § 58 II VwGO für B läuft.

Anmerkung: § 58 II VwGO sanktioniert nur das Fehlen einer ordnungsgemäßen Rechtsbehelfsbelehrung. Fehlt es dagegen an der Bekanntgabe, wird keine Frist in Gang gesetzt.

Allerdings könnte B sein Widerspruchsrecht **verwirkt** haben (§ 242 BGB analog). Der Nachbar muss sich nach den Grundsätzen von Treu und Glauben so behandeln lassen, als sei ihm die Genehmigung zugegangen, wenn er hiervon Kenntnis gehabt hat oder hätte haben müssen. Die Verwirkung tritt aufgrund des Rechtsgedankens des § 58 II VwGO i. d. R. ein Jahr nach (möglicher) Kenntniserlangung ein.

Laut Sachverhalt hat B bereits drei Monate nach Baubeginn Widerspruch erhoben. Es sind keine Anhaltspunkte erkennbar, aus denen sich eine wesentliche Verkürzung der dem Rechtsgedanken des § 58 II VwGO zu entnehmenden Jahresfrist ergeben könnte.

Damit hat B das Vorverfahren ordnungsgemäß durchgeführt.

---

[66] Vgl. zum Vorverfahren in **NRW** § 110 Justizgesetz, in **Bayern** Art. 15 AG VwGO sowie in **Niedersachsen** § 80 II 1 Nr. 4a JustizG.

Die übrigen Zulässigkeitsvoraussetzungen liegen vor, so dass die Klage des B insgesamt zulässig ist.

B. Begründetheit der Klage

Begründet ist die Klage, wenn die dem U erteilte Baugenehmigung rechtswidrig und B dadurch in seinen Rechten verletzt ist (§ 113 I 1 VwGO). Das ist der Fall, wenn die Baugenehmigung gegen nachbarschützende Vorschriften verstößt.

Anmerkung: Ist die Baugenehmigung zwar objektiv rechtswidrig, ohne zugleich gegen nachbarschützende Vorschriften zu verstoßen, ist die Anfechtungsklage des Nachbarn unbegründet. Denn der Nachbar hat keinen allgemeinen Gesetzesvollziehungsanspruch.

I. Verstoß gegen bauordnungsrechtliche Vorschriften

Die für die Errichtung der Garagen erteilte Baugenehmigung verstößt nicht gegen **bauordnungsrechtliche Vorschriften**. Garagen und Stellplätze müssen bauordnungsrechtlich so angeordnet werden, dass ihre Benutzung die Gesundheit nicht schädigt und Lärm und Gerüche die Nachbarn nicht erheblich stören. Hiergegen ist nach dem Sachverhalt nicht verstoßen worden. Auch im Übrigen sind die bauordnungsrechtlichen Nachbarrechte, insbesondere die Vorschriften über die Abstandsflächen gewahrt.

II. Verstoß gegen bauplanungsrechtliche Vorschriften

Allerdings könnte die Baugenehmigung gegen **bauplanungsrechtliche Vorschriften** verstoßen.

1. Verletzung des Rücksichtnahmegebotes

Bauplanungsrechtlich könnte zunächst das Gebot der Rücksichtnahme verletzt sein. Was die inhaltlichen Anforderungen des Rücksichtnahmegebotes anbelangt, sind die Umstände des Einzelfalles zugrunde zu legen. Dabei sind die Auswirkungen der erstrebten Nutzung, das Interesse des

Nachbarn an einer Verhinderung der Beeinträchtigungen und Nachteile, die Schutzwürdigkeit des Betroffenen, die Intensität der Beeinträchtigungen, die Interessen des Bauherrn und das, was beiden Seiten billigerweise zumutbar ist, gegeneinander abzuwägen. Je empfindlicher und schutzwürdiger die Stellung dessen ist, auf den Rücksicht zu nehmen ist, um so mehr kann an Rücksicht verlangt werden.

Laut Sachverhalt überschreiten die von den Garagen ausgehenden Emissionen nicht das Maß, das in einem Wohngebiet zulässig ist und sind auch im Übrigen zumutbar. Denn die Straße, an der das Grundstück des B liegt, hat als Durchgangsstraße ohnehin bereits ein starkes Verkehrsaufkommen, so dass durch die Benutzung der Garagen keine unzumutbare Verschlechterung der Immissionssituation entsteht. Danach ist der aus dem Rücksichtnahmegebot folgende Drittschutz hier nicht verletzt.

2. Verletzung von § 34 II BauGB i. V. m. §§ 4, 12 BauNVO

Vorliegend könnte aber - über § 34 II BauGB - § 4 BauNVO verletzt sein, da die nähere Umgebung einem allgemeinen Wohngebiet entspricht. Eine Regelung bzgl. Garagen enthält § 12 BauNVO, der § 4 BauNVO ergänzt. Nach dieser Vorschrift sind in (reinen und allgemeinen) Wohngebieten Stellplätze und Garagen nur für den durch die zugelassene Nutzung verursachten Bedarf zulässig. Hiergegen verstößt die hier erteilte Genehmigung von Garagen, die nicht dem grundstücksbezogenen Bedarf dienen. Problematisch ist allerdings, ob sich aus den oben genannten Vorschriften der BauNVO ein über § 34 I BauGB hinausgehender Nachbarschutz ableiten lässt.

Das BVerwG hat den drittschützenden Charakter der Vorschriften der BauNVO ursprünglich verneint und zur Begründung ausgeführt, dass nicht die Definition der Baugebiete, sondern allein die jeweiligen Festsetzungen des Bebauungsplans Drittschutz vermitteln können[67].

---

[67] Vgl. BVerwG, Bay VBI 1986, 248, 249.

Heute stellt die Rechtsprechung demgegenüber darauf ab, dass Festsetzungen bezüglich der Art der baulichen Nutzung generell nachbarschützend sind, und zwar unabhängig vom Willen der planenden Gemeinde. Bauplanungsrechtlicher Nachbarschutz beruht auf dem Gedanken des wechselseitigen Austauschverhältnisses. Weil und soweit der Eigentümer eines Grundstücks bei dessen Ausnutzung öffentlich-rechtlichen Beschränkungen unterworfen ist, kann er deren Beachtung grundsätzlich auch im Verhältnis zum Nachbarn durchsetzen. Der Hauptanwendungsfall für diesen Grundsatz im Bauplanungsrecht sind Festsetzungen des Bebauungsplans über die Art der baulichen Nutzung. Durch sie werden die Planbetroffenen im Hinblick auf die Nutzung ihrer Grundstücke zu einer rechtlichen **Schicksalsgemeinschaft** verbunden. Die Beschränkung der Nutzungsmöglichkeiten des eigenen Grundstücks wird dadurch ausgeglichen, dass auch die anderen Grundstückseigentümer diesen Beschränkungen unterworfen sind[68].

Da der Nachbarschutz im Planbereich und in typisierten faktischen Gebieten identisch ist, gelten diese Überlegungen uneingeschränkt auch im Rahmen des § 34 II BauGB. Damit ist § 34 II BauGB i. V. m. der nach der BauNVO zulässigen Art der baulichen Nutzung generell nachbarschützend. Der Nachbar kann jede artfremde Nutzung abwehren, weil hierdurch das nachbarliche Austauschverhältnis gestört und eine Verfremdung des Gebietes eingeleitet wird. Daher kann der Nachbar – unabhängig von Art und Ausmaß der Beeinträchtigungen – geltend machen, dass die Garagen über den durch die zugelassene Nutzung verursachten Bedarf hinausgehen (§ 12 II BauNVO). Der Bedarf des auf dem Grundstück des U befindlichen Zweifamilienhauses war bereits vor Beantragung der Baugenehmigung gedeckt, so dass die Genehmigung weiterer Garagen gegen § 12 II BauNVO verstößt und damit rechtswidrig ist.

---

[68] Vgl. BVerwG, DVBl 1997, 61, 63; VBlBW 1996, 12; DVBl 1994, 284, 285.

Da die Vorschrift unmittelbar nachbarschützend ist, ergibt sich daraus die Rechtsverletzung bei B.

C. Ergebnis

Die Anfechtungsklage des B ist zulässig und begründet.

Fall 18: Die alte Windmühle

▸ **Standort:** Bauordnungsrecht; Bauplanungsrecht; Klage auf Erteilung eines Bauvorbescheids zur Nutzungsänderung

Hobbyhistoriker H begeistert sich seit seiner Kindheit für alte Windmühlen und träumt seither davon, Eigentümer einer Windmühle zu sein. Als H erfährt, dass der Heimat- und Kulturverein V die in seiner Heimatstadt G gelegene Windmühle, die im Jahre 1880 gebaut wurde, verkaufen möchte, da die ursprünglich geplante Einrichtung eines Heimatmuseums in der Mühle den finanziellen Rahmen des Vereins sprengt, zögert H nicht lange und erwirbt die Windmühle von V.

H möchte die im Außenbereich gelegene Windmühle wieder instandsetzen und als Wochenendhaus zu nutzen, in dem er in Ruhe an seinem Buch über „Die Geschichte der deutschen Windmühlen" arbeiten kann. Er beantragt daher bei der zuständigen Bauaufsichtsbehörde einen Vorbescheid und erklärt hierzu, dass die Windmühle dringend vor dem Verfall bewahrt werden müsse; sie sei schon seit über 50 Jahren unbewohnbar und müsse komplett saniert werden. Inzwischen sei die Mühle in einem derart desolaten Zustand, dass sie einzustürzen drohe, wenn nicht umgehend etwas geschehe.

Die Stadt G lehnt den von H beantragten Erlass eines Vorbescheids ab und begründet dies mit der Gefahr des Entstehens einer Splittersiedlung und der Beeinträchtigung des Landschaftsbildes.

Das gegen die Ablehnung des Vorbescheides von H anschließend durchgeführte Widerspruchsverfahren bleibt erfolglos. H ist am Boden zerstört, da er befürchtet, dass der Traum von seiner Windmühle platzen könnte. H hat sich inzwischen überlegt, mit der tatkräftigen Unterstützung seiner Nichte N, die gerade ihr erstes Staatsexamen mit Prädikat bestanden hat, selbst, d. h. ohne die Hilfe eines Anwalts, Klage auf Erteilung des Vorbescheids zu erheben. Deshalb legt er am 15.07. selbst Klage beim VG ein und beantragt die Erteilung des Vorbescheids für den Umbau der alten Mühle in ein Wochenendhaus. Wie wird das VG über die Klage entscheiden?

A. Zulässigkeit (+)
I. Verwaltungsrechtsweg (+)
II. Statthafte Klageart: Verpflichtungsklage
III. Klagebefugnis (+)
IV. Vorverfahren (+);entbehrlich in NRW und Bayern
V. Frist (+)
VI. Klagegegner (+)
VII. Ergebnis

B. Begründetheit (-)
I. Anspruchsgrundlage
II. Formelle Voraussetzungen (+)
III. Materielle Voraussetzungen (-)
  1. Genehmigungspflichtigkeit (+)
  2. Genehmigungsfähigkeit (-)
    a) Verstoß gegen Bauordnungsrecht (-)
    b) Verstoß gegen Bauplanungsrecht (+)
      aa) Beurteilung nach § 35 I BauGB (-)
      bb) Zulässigkeit nach § 35 II BauGB (-)
      (1) Öffentlicher Belang, § 35 III BauGB (+)
      (2) Unbeachtlichkeit der Beeinträchtigung, § 35 IV BauGB (-)
        (aa) § 35 IV 1 Nr. 3 BauGB (-)
        (bb) § 35 IV 1 Nr. 4 BauGB (-)
        (cc) § 35 IV 1 Nr. 2 BauGB (-)
      (3) Bestandsschutzaspekt (-)
IV. Ergebnis

A. Zulässigkeit

I. Verwaltungsrechtsweg, § 40 I 1 VwGO

H begehrt mit seiner Klage die Erteilung des Vorbescheids zur Nutzungsänderung der alten Mühle. Es handelt sich um eine Streitigkeit auf dem Gebiet des öffentlichen Baurechts, somit um eine öffentlich-rechtliche. Es besteht keine anderweitige Zuweisung und die Streitigkeit ist nichtverfassungsrechtlicher Art, so dass der Verwaltungsrechtsweg gemäß § 40 I 1 VwGO eröffnet ist.

II. Klageart

Die Klage richtet sich gegen die Versagung des Vorbescheids. Dieser ist ein VA i. S. d. § 35 S. 1 VwVfG, so dass die Verpflichtungsklage die richtige Klageart ist.

III. Klagebefugnis, § 42 II VwGO

Die Klagebefugnis des H ergibt sich aus einem möglicherweise bestehenden Anspruch auf Erteilung eines Vorbescheids[69]. H ist somit auch klagebefugt.

IV. Vorverfahren, §§ 68 ff. VwGO

Das - in einigen Bundesländern entbehrliche[70] - Vorverfahren (§§ 68 ff. VwGO) wurde von H erfolglos durchgeführt.

V. Frist

Die Frist des § 74 VwGO ist eingehalten worden.

---

[69] § 57 LBO **BaWü**; Art. 71 LBO **Bay**; § 75 LBO **Berl**; § 75 LBO **Brbg**; § 75 LBO **Brem**; § 63 **HBauO**; § 76 LBO **Hess**; § 75 LBO **MV**; § 73 LBO **Nds**; § 77 LBO **NW**; § 72 LBO **RhPf**; § 76 LBO **Saarl**; § 75 LBO **Sachs**; § 74 LBO **SA**; § 66 LBO **SH**; § 74 LBO **Thür.**
[70] Entbehrlich ist das Vorverfahren in NRW (§ 110 Justizgesetz) und Bayern (Art. 15 AG VwGO), nicht aber in Niedersachsen (§ 80 II 1 Nr. 4a JustizG).

VI. Klagegegner

Je nachdem, ob der Landesgesetzgeber die Bestimmung des § 78 I Nr. 2 VwGO umgesetzt hat oder nicht, ist richtiger Klagegegner gemäß § 78 I Nr. 1 VwGO die Körperschaft, deren Behörde für den Erlass des VA zuständig war[71].

VII. Ergebnis

Die Klage des H ist zulässig.

B. Begründetheit

Die Klage des H ist begründet, wenn H einen Anspruch auf Erteilung des Vorbescheids zum Umbau der alten Mühle in ein Wochenendhaus hat, § 113 V VwGO.

I. Anspruchsgrundlage

Als Anspruchsgrundlage kommt die jeweilige LandesBauO[72] in Betracht.

II. Formelle Voraussetzungen

H hat einen Antrag auf Erteilung des Vorbescheids bei der zuständigen Behörde eingereicht.

III. Materielle Voraussetzungen

Ein Anspruch auf Erteilung eines positiven Vorbescheids wäre gegeben, wenn es sich bei dem Vorhaben des H um ein genehmigungspflichtiges Vorhaben handelt und keine öffentlich-rechtlichen Vorschriften entgegenstehen.

---

[71] Von der Ermächtigung des § 78 I Nr. 2 VwGO haben folgende Länder Gebrauch gemacht: allgemein die Länder Mecklenburg-Vorpommern (§ 14 I AGGerStrG) und das Saarland (§ 17 II AG); mit Ausnahme von Klagen i. S. d. § 52 Nr. 4 VwGO die Länder Brandenburg (§ 8 II VwGO); nur für Landesbehörden die Länder Niedersachsen (§ 79 JustizG), Sachsen-Anhalt (§ 8 AG) und Schleswig-Holstein (§ 6 AG). In NRW ist § 5 Abs. 2 AGVwGO NRW zum 01.01.2011 weggefallen, so dass Behörden nicht mehr abweichend von § 78 Abs. 1 Nr. 1 VwGO Klagegegner sein können! In **NRW** gilt damit das *Rechtsträgerprinzip:* Klagegegner ist die Körperschaft der Behörde, die gehandelt hat, z.B. die Stadt.

[72] Vgl. Fn. 69 Seite 131.

1. Genehmigungspflichtigkeit

Das Vorhaben des H betrifft die Nutzungsänderung einer baulichen Anlage i. S. d. der LandesBauOen. Auch die Nutzungsänderung ist nach der LandesBauO[73] genehmigungspflichtig. Eine Ausnahme von der Genehmigungspflichtigkeit ist nicht ersichtlich.

2. Genehmigungsfähigkeit

Fraglich ist somit, ob das Vorhaben des H öffentlich-rechtlichen Vorschriften widerspricht.

a) Bauordnungsrecht

Bauordnungsrechtliche Aspekte, die betroffen sein könnten, sind dem Sachverhalt nicht zu entnehmen.

b) Bauplanungsrecht

Das Vorhaben des H müsste aber auch in bauplanungsrechtlicher Hinsicht zulässig sein. Gem. § 29 S. 1 BauGB gelten die §§ 30 – 37 BauGB auch für geplante Nutzungsänderungen. Da es sich bei der alten Mühle um ein Gebäude handelt, welches im Außenbereich gelegen ist, kommt § 35 I BauGB zur Anwendung.

aa) Beurteilung nach § 35 I BauGB

Die Zulässigkeit des Vorhabens könnte sich aus § 35 I BauGB ergeben, wenn es sich dabei um ein privilegiertes Vorhaben handeln würde. Dabei ist auf das geplante Vorhaben abzustellen, so dass sich die Frage stellt, ob

---

[73].§ 49 LBO **BaWü**; Art. 55 LBO **Bay**; § 59 LBO **Berl**; § 59 LBO **Brbg**; § 59 LBO **Brem**; § 59 HBauO; § 62 LBO **Hess**; § 59 LBO **MV**; § 59 LBO **Nds**; § 60 LBO **NW**; § 61 LBO **RhPf**; § 60 LBO **Saarl**; § 59 LBO **Sachs**; § 58 LBO **SA**; § 62 LBO **SH**; § 59 LBO **Thür**.

Wochenendhäuser der Privilegierung des § 35 I BauGB unterfallen.

In Betracht kommt nur § 35 I Nr. 4 BauGB. Dann müssten Wochenendhäuser wegen ihrer Zweckbestimmung und ihrer besonderen Anforderungen an die Umgebung Vorhaben darstellen, die nur im Außenbereich ausgeführt werden sollen. Der Zweck eines Wochenendhauses besteht in einem zeitlich begrenzten Erholungsaufenthalt, der eher dort erreicht werden kann, wo die Allgemeinheit nicht zugelassen wird, nämlich im Außenbereich.

Allerdings ist Zweck des § 35 BauGB, den Außenbereich möglichst unangetastet zu lassen. Dieser Schutzzweck der Norm könnte dadurch unterlaufen werden, dass jeder Bauwillige im Außenbereich sein Wochenendhaus errichtet. Für die Anwendung des § 35 I Nr. 4 BauGB kommt es daher entscheidend darauf an, ob das Vorhaben des H nicht auch außerhalb des Außenbereichs realisiert werden könnte.

Der Gesetzgeber hat in § 10 BauNVO bestimmt, dass Wochenendhäuser durch Planung (§ 30 BauGB) ausgewiesen werden können oder im unbeplanten Innenbereich entstehen können (vgl. §§ 34 II BauGB, 10 BauNVO). Daher kann bei Wochenendhäusern aus ihrer Zweckbestimmung heraus nicht geschlossen werden, dass sie notwendigerweise im Außenbereich errichtet werden sollen[74].

Damit ist das Vorhaben des H nicht privilegiert i. S. d. § 35 I BauGB.

bb) Zulässigkeit nach § 35 II BauGB

Die Zulässigkeit des Vorhabens richtet sich mithin nach § 35 II BauGB. Danach sind sonstige Vorhaben zulässig, bei denen öffentliche Belange nicht beeinträchtigt werden.

---

[74] Vgl. BVerwGE 18, 247 (248); BVerwG, BBauBl. 62, 635.

(1) Öffentlicher Belang, § 35 III BauGB

Als öffentlicher Belang, der durch den Umbau der Mühle in ein Wochenendhaus tangiert sein könnte, kommt die Gefahr der Entstehung eines Zersiedelungsprozesses in Betracht, § 35 III 1 Nr. 7 BauGB. Die Errichtung eines Wochenendhauses im Außenbereich lässt einen Nachahmungseffekt befürchten, der die Stellung weiterer Bauanträge auf Zulassung von Wochenendhäusern im Außenbereich bedeutet.

Außerdem könnte die Nutzung der Mühle als Wochenendhaus die natürliche Eigenart der Landschaft beeinträchtigen. Der Schutz der natürlichen Eigenart der Landschaft ist ausdrücklich in § 35 III 1 Nr. 5 BauGB festgelegt. Durch diese Bestimmung soll verhindert werden, dass es zu einer wesensfremden Bebauung der Landschaft kommt. Das von H geplante Wochenendhaus hat keine Beziehung zu seiner Umgebung und passt landschaftlich nicht in das Gesamtbild, so dass auch dieser öffentliche Belang durch das Vorhaben berührt ist.

(2) Unbeachtlichkeit der Beeinträchtigung durch sog. Teilprivilegierung, § 35 IV BauGB

Die beiden vorstehenden Aspekte könnten aber bei der Bewertung der Zulässigkeit des Vorhabens keine Rolle spielen, wenn das Vorhaben gem. § 35 IV BauGB erweiterten Bestandsschutz erfährt.

In Betracht kommen die Aspekte der § 35 IV 1 Nrn. 2 - 4 BauGB.

(aa) § 35 IV 1 Nr. 3 BauGB

§ 35 IV 1 Nr. 3 BauGB findet vorliegend keine Anwendung, da es sich bei dem über einen längeren Zeitraum erstreckenden und auf unterbliebene Instandhaltung der alten Mühle zurückzuführenden Verfall um einen normalen Prozess handelt, der nicht durch Natur- oder andere außergewöhnliche Ereignisse eingetreten ist. § 35 IV 1 Nr. 3 BauGB verlangt aber gerade, dass es sich bei dem Vorhaben um die alsbaldige Neuerrichtung eines zulässigerweise errichteten Gebäudes handelt, welches durch Natur- oder andere außergewöhnliche Ereignisse zerstört wurde. Der Verfall der alten Mühle war vorhersehbar und vermeidbar und unterfällt somit nicht dem Anwendungsbereich des § 35 IV 1 Nr. 3 BauGB.

(bb) § 35 IV 1 Nr. 4 BauGB

Die Unbeachtlichkeit der Beeinträchtigung könnte sich hingegen aus § 35 IV 1 Nr. 4 BauGB ergeben. Dann müsste es sich bei dem Vorhaben um eine Nutzungsänderung von erhaltenswerten Gebäuden handeln. Unter dem Begriff des **Gebäudes** sind gemäß § 2 der LandesBauOen, der auch im Planungsrecht anwendbar ist[75], selbstständig benutzbare, überdachte bauliche Anlagen, die von Menschen betreten werden können und geeignet oder bestimmt sind, dem Schutz von Menschen, Tieren und Sachen zu dienen, zu verstehen.

Laut Sachverhalt ist die alte Mühle schon seit 50 Jahren nicht mehr bewohnbar und droht einzustürzen, falls nicht umgehend etwas gegen den Verfall unternommen wird. Ein Betreten der Mühle ist in der in § 2 der LandesBauOen beschriebenen Absicht nicht mehr möglich.

Bei dem Vorhaben des H handelt es sich mithin um eine Neuerrichtung eines an sich nicht mehr vorhandenen Gebäudes und damit nicht um eine Nutzungsänderung. Diesen Fall meint § 35 IV 1 Nr. 4 BauGB jedoch nicht, so dass diese Regelung hier nicht anzuwenden ist.

---

[75] Vgl. BVerwG, DöV 94, 266.

(cc) § 35 IV 1 Nr. 2 BauGB

Schließlich findet auch § 35 IV 1 Nr. 2 BauGB keine Anwendung, da die alte Mühle seit längerer Zeit nicht als Wohngebäude genutzt wurde. Insgesamt ändert § 35 IV BauGB daher nichts an der Beurteilung hinsichtlich der Beeinträchtigung öffentlicher Belange.

(3) Bestandsschutzaspekt

An diesem Ergebnis können auch die von der Rechtsprechung aus Art. 14 I GG entwickelten Rechtsinstitute des „Bestandsschutzes" oder der „eigentumskräftig verfestigten Anspruchsposition" nichts ändern. Wegen des Anwendungsvorrangs des § 35 IV BauGB als einfaches Recht verbietet sich ein Rückgriff auf Art. 14 I GG.

IV. Ergebnis

Die Klage des H ist nicht begründet.

Anhang: Die wichtigsten baurechtlichen Schemata[76]

Schema: Normenkontrolle nach § 47 VwGO

Die Normenkontrolle hat Erfolg, wenn sie zulässig und begründet ist.

A. Zulässigkeit

I. Statthaftigkeit: Gegenstand des Normenkontrollverfahrens sind nach § 47 I Nr. 1 VwGO Satzungen nach dem BauGB.

II. Antragsbefugnis nach § 47 II 1 VwGO

III. Antragsfrist nach § 47 II 1 VwGO

IV. Sonstige Zulässigkeitsvoraussetzungen

B. Begründetheit

Der Normenkontrollantrag ist begründet, wenn die Satzung (der Bebauungsplan/die Veränderungssperre etc.) formell oder materiell rechtswidrig ist.

I. Formelle Rechtmäßigkeit

II. Materielle Rechtmäßigkeit

C. Ergebnis: Antrag ist begründet / unbegründet ... hat Erfolg / hat keinen Erfolg.

---

[76] Aus dem Niederle-Skript: Verwaltungsrecht (BT) 2 - Baurecht - von Jochen Link.

Schema: Rechtmäßigkeit eines Bebauungsplans

A. Formelle Rechtmäßigkeit

I. Kompetenz = Zuständigk. zum Erlass d. Bebauungsplans
1. Verbandskompetenz: Zuständig sind nach § 2 I BauGB die Gemeinden als Gebietskörperschaften
2. Organkompetenz: Wer ist innerhalb der Gemeinden zuständig? Der Gemeinderat, dies ergibt sich aus der jeweiligen Gemeindeordnung.

II. Aufstellungsbeschluss, § 2 I BauGB

III. Ortsübliche Bekanntmachung, § 2 I Satz 2 BauGB

IV. Beteiligung der Öffentlichkeit und der Träger öffentlicher Belange, §§ 3 I, 4 I BauGB

V. Umweltprüfung mit Erstellung des Umweltberichts, §§ 2 IV, 2a S. 2 Nr. 2 BauGB

VI. Bekanntmachung der Auslegung, § 3 II 2 BauGB

VII. Öffentliche Auslegung, § 3 II BauGB

VIII. Förmliche Beteiligung der Öffentlichkeit und Träger öffentlicher Belange, §§ 3 II, 4 II BauGB

IX. Satzungsbeschluss
1. Nach § 10 I BauGB beschließt die Gemeinde den Bebauungsplan als Satzung.
2. Vorliegen der kommunalrechtlichen Satzungsbeschlussvoraussetzungen. Hier müssen auch die kommunalrechtlichen Heilungsnormen beachtet werden.

X. Ausfertigung

XI. Genehmigung bzw. Anzeige, §§ 6, 10 II, 246 BauGB

140

XII. Öffentliche Bekanntmachung, § 10 III BauGB

XIII. Ggf. Heilung von Verfahrens- und Formvorschriften
gemäß §§ 214 ff. BauGB

B. Materielle Rechtmäßigkeit

I. Erforderlichkeit der Planung, § 1 III BauGB

II. Liegt ein Verstoß gegen das Entwicklungsgebot nach
§ 8 II BauGB vor?

III. Abwägungsfehler nach § 1 VII BauGB?

IV. Verstöße gegen höherrangiges Recht (z.b. Entschädi-
gung bei Enteignung, Art. 14 GG)?

V. Ggf. Heilung von Fehlern gemäß §§ 214 ff. BauGB

Schema: Zulässigkeit nach § 35 I BauGB

1. Es muss einer der Privilegierungstatbestände nach
§ 35 I Nr. 1 – 8 BauGB erfüllt sein.
2. Öffentliche Belange („insbesondere" die in § 35 III
BauGB aufgelisteten) dürfen dem Vorhaben nicht
entgegenstehen. Dabei müssen die betroffenen
privaten und öffentlichen Belange gegeneinander
abgewogen werden.
3. Die ausreichende Erschließung muss gesichert sein.

Schema: Zulässigkeit nach § 35 II BauGB

1. Es handelt sich nicht um ein privilegiertes Vorhaben nach § 35 I BauGB, sondern um ein *sonstiges* Vorhaben.
2. Die öffentlichen Belange („insbesondere" die in § 35 III BauGB aufgelisteten) dürfen durch das Vorhaben nicht beeinträchtigt werden. Dabei sind die betroffenen privaten und öffentlichen Belange gegeneinander abzuwägen.
3. Die ausreichende Erschließung muss gesichert sein.

Schema: Zulässigkeit und Begründetheit einer Klage wegen Nichterteilung einer beantragten Baugenehmigung. Erfolg der Klage?

„Die Klage hat Erfolg, wenn der Verwaltungsrechtsweg eröffnet ist und die Klage zulässig und begründet ist."

A. Zulässigkeit der Klage

I. Eröffnung des Verwaltungsrechtswegs nach § 40 I VwGO.

II. Klageart: meist Verpflichtungsklage, § 42 I VwGO

III. Klagebefugnis nach § 42 II VwGO

IV. Vorverfahren, §§ 68 ff. VwGO. Entbehrlich ist das Vorverfahren in NRW (§ 110 JustizG) und Bayern (Art. 15 AG VwGO), nicht aber in Niedersachsen (§ 80 II 1 Nr. 4a JustizG).

V. Form, Frist etc.

B. Begründetheit

„Die Klage ist begründet, wenn die Passivlegitimation besteht, die Ablehnung der Baugenehmigung rechtswidrig ist und der Kläger dadurch in eigenen Rechten/in seinen Rechten verletzt ist. Zudem muss die Sache spruchreif sein, § 113 V 1 VwGO."

I. Passivlegitimation

II. Anspruchsgrundlage
„Der Anspruch des Klägers auf Erteilung der Baugenehmigung könnte sich aus § 58 LBO **BaWü**; Art. 68 LBO **Bay**; § 71 LBO **Berl**; § 72 LBO **Brbg**; § 72 LBO **Brem**; § 72 HBauO; § 74 I LBO **Hess**; § 72 LBO **MV**; § 70 LBO **Nds**; § 74 I LBO **NW**; § 70 LBO **RhPf**; § 73 LBO **Saarl**; § 72 LBO **Sachs**; § 71 LBO **SA**; § 73 LBO **SH**; § 71 LBO **Thür** ergeben."

III. Formelle Rechtmäßigkeit

1. Zuständigkeit
2. Verfahren
3. Form

IV. Materielle Rechtmäßigkeit
„Nach § 58 LBO **BaWü**; Art. 68 LBO **Bay**; § 71 LBO **Berl**; § 72 LBO **Brbg**; § 72 LBO **Brem**; § 72 HBauO; § 74 I LBO **Hess**; § 72 LBO **MV**; § 70 LBO **Nds**; § 74 I LBO **NW**; § 70 LBO **RhPf**; § 73 LBO **Saarl**; § 72 LBO **Sachs**; § 71 LBO **SA**; § 73 LBO **SH**; § 71 LBO **Thür** ist die Baugenehmigung zu erteilen, wenn dem genehmigungspflichtigen Vorhaben keine von der Baurechtsbehörde zu prüfenden öffentlich-rechtlichen Vorschriften entgegenstehen."

1.Genehmigungspflichtiges Vorhaben?
„Es müsste sich zunächst um ein genehmigungspflichtiges Vorhaben handeln."

   a) Genehmigungspflichtiges Vorhaben ?
   b) Verfahrensfreies Vorhaben ?
   c) Kenntnisgabeverfahren ?

2. Genehmigungsfähiges Vorhaben?

„Das Vorhaben müsste auch genehmigungsfähig sein. Dies ist immer dann der Fall, wenn es nicht gegen öffentlich-rechtliche Vorschriften verstößt (s.o. Punkt IV.). Öffentlich-rechtliche Vorschriften des Baurechts sind bauplanungsrechtliche Vorschriften und bauordnungsrechtliche Vorschriften."

a) Bauplanungsrechtliche Vorschriften

„Zunächst müsste das Vorhaben mit bauplanungsrechtlichen Vorschriften im Einklang stehen. Die Zulässigkeit des baulichen Vorhabens könnte sich aus

(1) § 29 BauGB i.V.m. §§ 30, 31 BauGB
oder
(2) § 29 BauGB i.V.m. § 34 BauGB
oder
(3) § 29 BauGB i.V.m. § 35 BauGB

ergeben. Dann müsste ..."

b) Bauordnungsrechtliche Vorschriften

c) Sonstige öffentlich-rechtliche Vorschriften

Geprüft werden solche Vorschriften, die kein eigenes Genehmigungsverfahren vorsehen, etwa §§ 22 ff. BImSchG. Selbstverständlich werden diese in der Klausur nur geprüft, wenn der Sachverhalt hierzu Anhaltspunkte gibt.

V. Rechtsverletzung oder Anspruch

Der § 113 I bzw. § 113 V VwGO verlangt, dass entweder der Kläger bei der Anfechtungsklage in seinen Rechten verletzt ist bzw. der Antragsteller, der Antrag auf Erteilung einer Baugenehmigung gestellt hat, einen Anspruch auf diese hat. Dies muss in einer Klausur immer herausgearbeitet werden.

Ergebnis: Die Klage ist begründet bzw. unbegründet.

Schema: Aufbau der Rechtmäßigkeitsprüfung einer Abbruchverfügung

---

I. Ermächtigungsgrundlage: § 65 S.1 LBO **BaWü**; Art. 76 S. 1 LBO **Bay**; § 80 S.1 LBO **Berl**; § 80 I 1 LBO **Brbg**; § 79 LBO **Brem**; § 76 I 1 **HBauO**; § 82 I 1 LBO **Hess**; § 80 I LBO **MV**; § 79 I 2 Nr. 4 LBO **Nds**; § 82 S.1 LBO **NW**; § 81 S.1 LBO **RhPf**; § 82 I LBO **Saarl**; § 80 S. 1 LBO **Sachs**; § 79 S. 1 LBO **SA**; § 59 II Nr. 3 LBO **SH**; § 79 LBO **Thür.**

II. Formelle Rechtmäßigkeit
1. Zuständigkeit
2. Verfahren
3. Form

III. Materielle Rechtmäßigkeit
Voraussetzungen der Ermächtigungsgrundlage
Vor der Subsumtion des Sachverhalts müssen unter Umständen noch Begriffe definiert und geklärt werden. Bei der Abbruchsverfügung spielt zum Beispiel oft die Frage des *Bestandsschutzes* eine Rolle. Es wird dann zunächst der Bestandsschutz erläutert und im nächsten Schritt durch die Subsumtion geprüft, ob das in der Klausur genannte Gebäude tatsächlich Bestandsschutz genießt.

➜ Voraussetzungen der Ermächtigungsgrundlage
    (1) Formelle Illegalität?
       (Hier muss bei verfahrensfreien Vorhaben unter
        Umständen diskutiert werden, dass es eine
        formelle Illegalität gar nicht geben kann.)
    (2) Materielle Illegalität?
    (3) Kein Bestandsschutz
       (Unterliegt das Gebäude dem Bestandsschutz, kann
        keine Abbruchsverfügung erlassen werden.)
    (4) Verhältnismäßigkeit der Maßnahme
       (Geeignet, erforderlich, angemessen?)

IV. Nur im Rahmen einer Anfechtungsklage zusätzl. zu prüfen:
Es genügt nicht, dass die Abbruchsverfügung objektiv rechtswidrig ist. Sie muss den Kläger auch in seinen subjektiven Rechten verletzen, vgl. § 113 I VwGO. Hier schließt sich der Kreis, der bei der Prüfung der Klagebefugnis nach § 42 II VwGO begonnen wurde.

Schema: Baurechtliche Nachbarklage

A. Zulässigkeit

I. Verwaltungsrechtsweg nach § 40 I VwGO

II. Klageart nach § 42 I VwGO

III. Klagebefugnis des Nachbarn nach § 42 II VwGO

„Nachbar N müsste klagebefugt sein. Dies setzt voraus, dass er geltend macht, in eigenen Rechten verletzt zu sein. Eine solche Rechtsverletzung des N kann sich bei allen öffentlich-rechtlichen Vorschriften ergeben, die nachbarschützend sind, also nicht nur die Allgemeinheit schützen. In Betracht kommt hier eine Verletzung der Abstandsvorschriften nach §§ 5, 6 LandesBauO. Diese vermitteln Drittschutz für den N. Eine Verletzung dieser subjektiv-öffentlichen Rechte des N ist nicht von vornherein und nach jeder denkbaren Betrachtungsweise ausgeschlossen. Die Klagebefugnis ist deshalb gegeben."

IV. Vorverfahren nach §§ 68 ff. VwGO. Beachte in NRW § 110 Justizgesetz und Bayern Art. 15 AG VwGO sowie in Niedersachsen § 80 II 1 Nr. 4a JustizG.

V. Form, Frist, etc.

B. Begründetheit

„Die Klage des Nachbarn ist begründet, wenn die dem Bauherrn erteilte Baugenehmigung rechtswidrig ist und der Nachbar dadurch in seinen Rechten verletzt wird, § 113 I VwGO (Anfechtungsklage) bzw., wenn der Nachbar einen Anspruch auf die Beseitigung/Stilllegung etc. (Verpflichtungsklage) hat".

I. Formelle Rechtmäßigkeit

II. Materielle Rechtmäßigkeit

Hier ist zu prüfen, ob nachbarschützende Normen bzw. das Gebot der Rücksichtnahme verletzt werden. Dem objektiven Verstoß gegen das Rücksichtnahmegebot kommt dann nachbarschützende Wirkung zu, wenn durch den Verstoß in qualifizierter und zugleich individualisierter Weise in schutzwürdige Rechtspositionen Dritter eingegriffen wird.

III. Rechtsverletzung des Nachbarn

§ 113 I bzw. § 113 V VwGO verlangt, dass der Nachbar als Kläger entweder bei der Anfechtungsklage in seinen Rechten verletzt ist oder bei der Verpflichtungsklage einen Anspruch auf Einschreiten der Behörde hat. Dies muss in einer Klausur immer herausgearbeitet werden. Steht etwa bei einer Nachbarklage das Bauvorhaben zwar im Widerspruch zu öffentlich-rechtlichen Vorschriften, ist der Nachbar aber nicht in seinen Rechten verletzt, dann ist die Klage unbegründet. Grundsätzlich wird die nachbarschützende Norm bereits bei der Prüfung der materiellen Rechtmäßigkeit umfassend geprüft. Dann genügt bei der Rechtsverletzung ein Hinweis unter Bezugnahme auf § 113 I bzw. § 113 V VwGO, dass der Nachbar in subjektiv-öffentlichen Rechten verletzt ist.